Bibliografische Information der Deutschen Nationalbibliothek:

Die Deutsche Nationalbibliothek verzeichnet diese Publikation in der Deutschen Nationalbibliografie; detaillierte bibliografische Daten sind im Internet über http://dnb.d-nb.de abrufbar.

Impressum:

Copyright © 2016 Studylab

Ein Imprint der GRIN Verlag, Open Publishing GmbH

Druck und Bindung: Books on Demand GmbH, Norderstedt, Germany

Coverbild: ei8htz

Florian Franz

Martin Luthers Konzeption einer Judenmission

Eine kritische Betrachtung des gängigen Luther-Bildes zum Jubiläum der 95 Thesen

2015

Inhaltsverzeichnis

Inhaltsverzeichnis 4
1. Einleitung 6
2. Juden und Judenmission im ausgehenden Mittelalter 8
    2.1. Die gesellschaftliche Situation der Juden im späten Mittelalter 8
        2.1.1. Der gesellschaftliche Umbruch 8
        2.1.2. Der „antisemitische" Zeitgeist 9
    2.2. Judenmission in Hoch- und Spätmittelalter 12
        2.2.1. Die Anfänge der Judenmission 12
        2.2.2. Das Religionsgespräch als Mittel der Judenmission 13
        2.2.3. Hebräisch als missionarische Notwendigkeit 15
        2.2.4. Zur Problematik der Zwangstaufe 16
    2.3. Zwischenfazit 19
3. Martin Luther und die Judenmission 21
    3.1. Vorbemerkungen 21
    3.2. Judenmission am Vorabend der Reformation 21
    3.3. Missionarische Argumentation 23
        3.3.1. Keine Zwangsmissionierung unter Juden 23
        3.3.2. Kein Unterschied zwischen Juden und Christen 24
        3.3.3. Die Befreiung der Juden aus der Gefangenschaft des Gesetzes 25
        3.3.4. Solidarität mit den Juden 27
        3.3.5. Gott als Missionar unter den Juden 28
        3.3.6. Die Bezeichnung des Messias als „Gott" bei Jeremia 29
        3.3.7. Die Glaubenstaufe 30
4. Die „Missionsschrift" – Dass Jesus Christus ein geborener Jude sei 33
    4.1. Entstehungskontext und Einordnung 33
    4.2. Die missionarische Argumentation der Schrift – Teil 1 34
        4.2.1. Freundlichkeit und Unterweisung durch die Schrift 34
        4.2.2. Die alttestamentlichen Propheten waren Christen 38
        4.2.3. Brüderlichkeit mit den Juden als Verantwortung der Christen 39

4.2.4. Die Jungfräulichkeit Marias als Beweis der Messianität Jesu 40

4.3. Zwischenfazit 42

4.4. Die missionarische Argumentation der Schrift – Teil 2 43

    4.4.1. Der Messias ist bereits gekommen 43

    4.4.2. In Daniel 9 wird auf Christus hingewiesen 45

    4.4.3. Christus als leiblicher Tempel 46

    4.4.4. Mission in Einzelschritten – keine Überforderung der Juden 47

4.5. Zwischenfazit 48

5. Judenmission nach 1523 – Ein Ausblick 50

5.1. Missionarische Akzente in Luthers Brief an Josel von Rosheim 50

5.2. Missionarische Akzente in Luthers späten „Judenschriften" 53

5.3. Relevanz von Luthers Missionskonzept für die Nachwelt 54

6. Judenmission im 21. Jahrhundert 56

7. Auswertung 58

8. Quellen- und Literaturverzeichnis 60

1. Einleitung

Mit dem nahenden 500-jährigen Jubiläum der Veröffentlichung der 95 Thesen durch Martin Luther am 31. Oktober 1517 darf man gespannt sein, welche Aspekte des – häufig als ambivalent bezeichneten – Lebens des Reformators hervorgehoben werden. Werden Ausrichter und Referenten den Reformator Luther als den großen Intellektuellen seiner Zeit beschreiben, welchem nicht nur die Wiederentdeckung des Evangeliums in seiner Ausdruckskraft sowie tiefe theologische Überlegungen zum Verhältnis zwischen Mensch und Gott in Hinblick auf die Rechtfertigung des Sünders gelangen, sondern auch als jemanden, welchem eine entscheidende Rolle bei der Entwicklung einer gemeinsamen deutschen Sprache zukam? Oder wird man dessen Bibelübersetzung in die Sprache der Deutschen als einschneidenden Akt in der Ausbildung einer neuen *unabhängigeren* Religiosität betonen? Sicherlich werden alle diese Aspekte (zurecht) zu würdigen sein. Allen gemeinsam ist, dass es sich bei ihnen um von der Nachwelt als positiv gewertete Ereignisse handelt.

Bei aller Würdigung, welche Luther, sicherlich zu Recht, auch verdient hat, so wäre eine Beleuchtung *dieses* dargestellten Luther lediglich einseitig. Denn es gab auch den *anderen* Luther, denjenigen, welcher von antijüdischer Polemik strotzende Schriften wie *Von den Juden und ihren Lügen* verfasste und dessen Verhältnis zum jüdischen Volk bis heute immer wieder zu – mehr oder weniger emotional geführten – Debatten Anlass gibt.

Wurde die vermeintliche Veränderung in der Haltung Luthers zu den Juden zwischen seinem frühen und späten Wirken immer wieder in der gängigen Fachliteratur thematisiert, so wurde der missionarische Eifer des Reformators und auf welche Art und Weise er sich eine Mission (nicht nur) unter Juden vorstellte, primär als Nebenhandlung in einer Darstellung seines Verhältnisses zu den Juden angesprochen. Diese Arbeit verfolgt das Ziel, Luthers Konzeption einer Judenmission zu beleuchten. Dabei soll analysiert werden, mit welchen (theologischen) Argumenten er dies anzustreben versuchte. Diese Arbeit verfolgt nicht das Ziel einer umfassenden Darstellung des Verhältnisses zwischen dem Reformator und den Juden über seine gesamte Lebenszeit. Aufgrund der – für diese Thematik – ergiebigeren Aussagen des Reformators aus dessen Frühzeit, welche ich an dieser Stelle als Spanne zwischen 1513 und 1526 eingrenze, gilt das Hauptinteresse den Aussagen Luthers aus jenen Jahren. Dabei gebührt der Schrift *Dass Jesus Christus ein geborener Jude sei* von 1523 besondere Aufmerksamkeit. Aussagen des Reformators aus späterer Zeit werden, soweit dies erforderlich ist, berücksichtigt, darunter insbesondere sein Brief an Josel von Rosheim vom 11. Juni 1537.

Das missionarische Denken und Handeln Luthers kann nicht isoliert betrachtet werden, sondern ist bedingt durch gesellschaftliche Umstände sowie mittelalterlich-missionarische Missionsbestrebungen, welche sein Vorgehen beeinflussten. Daher ist es notwendig zunächst einen Blick sowohl auf die gesellschaftlich-politischen Umstände der Juden seiner Zeit als auch auf das mittelalterliche Konzept einer Judenmission zu werfen, welches zu Beginn von Luthers Wirkungszeit nach wie vor in Kraft war.

Im Anschluss folgt die Darstellung der Konzeption der Judenmission bei Martin Luther unter Hervorhebung des Traktats *Dass Jesus Christus ein geborener Jude sei* mit einem abschließenden Ausblick auf Luthers missionarisches Wirken nach 1523 und die Auswirkungen seines Missionskonzepts für die Nachwelt.

2. Juden und Judenmission im ausgehenden Mittelalter

2.1. Die gesellschaftliche Situation der Juden im späten Mittelalter

2.1.1. Der gesellschaftliche Umbruch

Gegen Ende des 15. Jahrhunderts galt Deutschland als ein wohlhabendes Land. Herausragende Handwerker und Handeltreibende waren die großen Profiteure jenes gesellschaftlichen Umwälzungsprozesses, welcher zu einem steigenden Streben nach Wohlstand innerhalb aller Gesellschaftsschichten beitrug.[1] An der Spitze der sich immer stärker etablierenden und an Einfluss gewinnenden Handelsgesellschaften standen die Namen der noch heute bekannten großen Handelshäuser wie der Fugger oder Welser mit ihren Monopolen auf Erzeugnisse von erstrangiger Notwendigkeit.[2] Sie waren die großen Profiteure der Lockerung des kirchlichen Zinsverbotes im Kontext des aufkommenden Frühkapitalismus an der Wende vom 15. zum 16. Jahrhundert.[3] Ihr Reichtum begünstigte den Ausbau ihres Einflusses, welcher alsbald auch in die Reihen der Obrigkeit vordrang und deren Entscheidungsprozesse nicht unerheblich mitbestimmte. Besonders eindrücklich zeigt sich dies am Beispiel der Fugger, welche ihren Einfluss bei der deutschen Königswahl 1519 insoweit geltend machten, als dass durch ihre finanzielle Unterstützung der schon als verloren gegebene Kandidat, Karl I. von Spanien, sich gegen seinen französischen Rivalen Franz I. durchzusetzen vermochte.[4]

Neben den großen Profiteuren der gesellschaftlichen Umwälzungen gab es selbstredend auch diejenigen, welche mit den schnell voranschreitenden Veränderungen nicht mithalten konnten. Schuld am Leid der einfachen Menschen trugen auch eben jene großen Handelsgesellschaften, welche – in ständiger Konkurrenz zueinander – Warenverknappungen künstlich herbeiführten und die darauf angewiesenen Menschen existenzbedrohenden Risiken aussetzten, was wiederum dazu führte, dass sie vom einfachen Volk immer stärker verabscheut und in Folge – wenig schmeichelhaft – als *Christen-Juden* bezeichnet wurden.[5] Interessant an dieser Feststellung ist nicht nur die offenkundig verbreitete Ab-

---

1 Vgl. Poliakov: Geschichte, 113.
2 Vgl. Poliakov: Geschichte, 113.
3 Vgl. Kaufmann: Juden, 19.
4 Vgl. Moeller: Deutschland, 70.
5 Vgl. Poliakov: Geschichte, 114.

lehnung der reichen Oberschicht, sondern auch ein begriffsgeschichtlicher Aspekt. Das Wort Jude wurde über seinen eigentlichen Bedeutungsgehalt ausgedehnt und fungierte als Äquivalent zum Wort Wucherer.[6] Der angestaute Hass der Bevölkerung entlud sich in Folge nicht nur gegen die Vermögenden, sondern auch gegen die Juden.[7]

2.1.2. Der „antisemitische" Zeitgeist

Die allgemeine Haltung gegenüber den Juden war ablehnend, ihre Schuld am Unheil der Menschen galt für viele als erwiesen, wie folgende Aussage aus der Feder des Missionars Peter Schwartz (Petrus Nigri) verdeutlicht:

> „Die Juden werden von Zeit zu Zeit hart gezüchtigt. Sie leiden aber nicht unschuldig; sie leiden wegen ihrer Bosheit. Denn sie täuschen die Leute und ruinieren das Land durch ihren Wucher und durch ihre geheimen Morde, wie jedermann weiß."[8]

Wir haben es augenscheinlich mit einer weit verbreiteten negativen Haltung gegenüber den Juden zu tun, wobei der Wuchervorwurf wohl weit verbreitet war. Alternative Erklärungen für die vermeintliche Verdammung und Abwertung des jüdischen Volkes entstammten hingegen eher den gebildeten, humanistisch geprägten Kreisen. So führte Johannes Reuchlin das gesellschaftliche Leid der Juden auf ihre göttliche Bestrafung in Folge von Verhärtung und Lästern gegen Christus zurück.[9]

Dass jedoch nicht alle Antworten von humanistischer Seite der Haltung Reuchlins ähneln mussten, lässt sich an manch anderem Beispiel vorführen. So schrieb Beatus Rhenanus:

> „Kein Volk hat jemals die anderen Völker so gehaßt, wie dies das jüdische Volk tat. Kein Volk war ihnen (den Christen) so abgeneigt und kein Volk hat sich zu Recht derart unversöhnliche Haßgefühle zugezogen."[10]

---

6 Vgl. Poliakov: Geschichte, 114.
7 Vgl. Poliakov: Geschichte, 114.
8 Zitiert nach: Poliakov: Geschichte, 114.
9 Vgl. Poliakov: Geschichte, 114.
10 Zitiert nach: Poliakov: Geschichte, 115.

Hier wird demnach vor allem der Hass der Juden gegenüber den Christen als das eigentliche Motiv des Verworfenseins angeführt.

Waren die Juden beim einfachen Volk aufgrund ihres Reichtums verhasst, so wurden sie von Seiten der Obrigkeit gerade deswegen überhaupt geduldet. Sowohl weltliche als auch geistliche Obrigkeiten bedienten sich in regelmäßigen Abständen der finanziellen Leistungsfähigkeit ihrer jüdischen Untertanen.[11] Mit der Abnahme jenes Reichtums wurden die Juden für die jeweiligen Obrigkeiten immer uninteressanter, was wiederum ihre Ausweisung aus den jeweiligen Städten und Gegenden begünstigte.[12] So zum Beispiel auch im Falle des Trierer Erzbischofs, welcher 1418 die Juden aus dem Kurstift Trier verwies, da ihre finanzielle Nützlichkeit nicht mehr gegeben war.[13] Folge einer solchen Politik war, dass die jüdische Bevölkerung bis 1520 in den wichtigen Territorien des Reiches praktisch nicht mehr existent war.[14]

Betrachtet man das späte Mittelalter als solches, so fällt auf, dass das 14. Jahrhundert „relativ frei von religiösen Emotionen"[15] war. Fälle von vermeintlichem Hostienfrevel oder Ritualmordvorwürfe tauchten kaum noch auf.[16] Dies änderte sich jedoch im ausgehenden 14. Jahrhundert als, im Kontext der um sich greifenden Pestepidemien, Vorwürfe der Brunnenvergiftung gegen die Juden erhoben wurden.[17] Zusätzlich gerieten diese in innerchristliche Auseinandersetzungen, als man ihnen vorwarf, sie würden mit der Hussitenbewegung kooperieren, was letztlich auch als Begründung für Ausweisungen aus Städten angeführt wurde, wie aus der Rechtfertigung für die Ausweisung von Juden durch den Kölner Rat von 1424 überliefert ist.[18]

Das 15. Jahrhundert war – zumindest in den deutschen Städten – das Jahrhundert einer auf Verdrängung angelegten Judenpolitik. Dafür spricht zum einen der

---

11 Vgl. Herzig: Geschichte, 56.

12 Vgl. Herzig: Geschichte, 57.

13 Vgl. Herzig: Geschichte, 56.

14 Vgl. Herzig: Geschichte, 57.

15 Herzig: Geschichte, 58.

16 Vgl. Herzig: Geschichte, 58. Ritualmordvorwürfe sind bereits aus der Mitte des 12. Jahrhunderts überliefert, Legenden um Hostienfrevel ab dem 13. Jahrhundert. (Vgl. Brosseder: Luther, 114).

17 Vgl. Brosseder: Luther, 114.

18 Vgl. Herzig: Geschichte, 58.

Umgang mit finanziell ausgebeuteten Juden, welche der Städte verwiesen wurden. Zum anderen zeugt davon auch das Stadtbild. So bildeten sich – mit Ausnahme der Städte Frankfurt und Worms – keine Ghettos heraus.[19] Ohnehin lebte ein Großteil der jüdischen Bevölkerung bereits zu Beginn des 15. Jahrhunderts auf dem Land, da sich kleinere Territorien oft als günstigere und stabilere Lebensräume erwiesen.[20] So pendelten Juden tagsüber in die Städte, wo sie – unter Aufsicht – ihren Geschäften nachgingen, um am Abend wieder in ihren ländlichen Lebensraum zurückzukehren.[21] Ein normales Nebeneinander von Christen und Juden in den Städten war aufgrund des christlichen Fundamentalismus ohnehin kaum noch möglich und in Folge des Ausbleibens sichtbarer Erfolge der seit 1415 praktizierten Zwangspredigten unter Juden kamen immer neue Ausgrenzungsforderungen hinzu.[22]

Einer der bekannteren Zwangsprediger war der weiter oben erwähnte und zitierte Peter Schwartz, seines Zeichens Dominikaner und aktiver Missionar, welcher Bekehrungspredigten vor Versammlungen von Juden hielt, jedoch keine sichtbaren Erfolge erzielen konnte.[23] Auch waren Juden von christlichen Kulthandlungen ausgeschlossen, da man fürchtete, diese könnten das Wissen darum für eigene missionarische Absichten unter Christen verwenden.[24] Ob eine solche Angst gegenüber einer religiösen Minorität nun nachvollziehbar ist oder nicht, offenkundig ist, dass diese Angst bis in das 16. Jahrhundert hinein immer wieder geäußert wird, so auch in Luthers *Wider die Sabbather an einen guten Freund* von 1538.

Während gegen Mitte des 15. Jahrhunderts durch Bettelmönche verstärkt unter Juden missioniert wurde, vermochte es die Amtskirche nicht länger auf die drückenden Heilserwartungen der Menschen Antwort zu geben, was sich wiederum in einer verstärkten Zuflucht der (einfachen) Menschen in kultische Praktiken, wie den Marienkult und einer zunehmenden kultischen Verehrung der Eucharistie, widerspiegelt.[25]

---

19 Vgl. Herzig: Geschichte, 60.
20 Vgl. Kaufmann: Juden, 20.
21 Vgl. Kaufmann: Juden, 20.
22 Vgl. Herzig: Geschichte, 61.
23 Vgl. Herzig: Geschichte, 61.
24 Vgl. Herzig: Geschichte, 61.
25 Vgl. Herzig: Geschichte, 61f.

In Folge einer in Hinblick auf kultische Verehrung intensivierten Religiösität kamen letztlich auch die alten Stereotypen über die Juden zurück. So verbreiteten insbesondere die Minoriten ihre judenfeindlichen Vorstellungen im einfachen Volk und predigten die Juden als Antisymbol einer jeden christlichen Lebensweise.[26]

Einen ‚Aufschwung' als Schmähwort gewann das Wort Jude letztlich nochmals verstärkt mit dem Aufkommen des berühmten Streits um Relevanz und Erhalt der jüdischen Schriften zwischen Johannes Reuchlin und dem getauften Juden Johannes Pfefferkorn zu Beginn des 16. Jahrhunderts. Die Debatte bündelte derart Aufmerksamkeit, dass die Judenfrage „auf den allerersten Platz des aktuellen Zeitgeschehens in Deutschland"[27] erhoben wurde. Reuchlin verwehrte sich gegen die von Seiten der Kölner Dominikaner und Pfefferkorns vorgebrachte Forderung, jüdische Schriften seien zu verbrennen, indem er versuchte, deren Nutzen für den Erweis der christlichen Wahrheit zu betonen. Sie sollten dem christlichen Glauben als hilfreich anerkannt werden.[28]

2.2. Judenmission in Hoch- und Spätmittelalter

2.2.1. Die Anfänge der Judenmission

Bereits im 12. Jahrhundert sind aus Nordfrankreich erste Ansätze sogenannter Religionsgespräche überliefert. Es handelt sich um Gespräche zwischen christlichen und jüdischen Exegeten und Denkern, durch deren gegenseitigen Austausch es christlichen Theologen gelang, tiefere Einblicke in die jüdische Religion zu erhalten. Für eine Zeit, in welcher der Universalanspruch der eigenen Religion von kaum jemandem in Frage gestellt wurde, stellen solche intellektuellen Diskurse eine Ausnahme dar, deren Befürworter dem Gegenüber – zumindest eingeschränkt – den Gebrauch der Vernunft konstatierten.[29]

---

26 Vgl. Herzig: Geschichte, 62.

Auch sind schon um 1400 Darstellungen bekannt, welche die Synagoga auf einer Sau reitend darstellen oder Juden zeigen, welche an einem Schwein saugen, wodurch Juden als Kinder von Schweinen diffamiert werden sollten. (Vgl. Herzig: Geschichte, 64).

27 Poliakov: Geschichte, 116.

28 Reuchlin setzte sich für den Erweis einer christlichen Wahrheit ein, für dessen Bekräftigung er einen Ausgangspunkt im Talmud vermutete. Insofern käme dem Talmud für die christliche Exegese eine wichtige Bedeutung zu, weshalb es falsch sei, jüdische Schriften zu konfiszieren. (Vgl. Kaufmann: Juden, 29.)

29 Vgl. Waardenburg: Religionsgespräche I, 635.

Anders verhielt es sich mit denjenigen Zeitgenossen, welche für die Förderung des Missionsgedankens eintraten und dementsprechend an der Ausrichtung *missionarisch* geprägter Religionsgespräche – vor allem mit Juden und Muslimen – interessiert waren. Herausragend innerhalb dieser Gruppe war der Theologe Petrus Venerabilis (ca. 1092-1156), dessen Auseinandersetzung mit der Grundfrage des Verhältnisses zwischen Vernunft und Glauben dahingehend Anwendung fand, dass nun die Frage im Raum stand, wie ein Ungläubiger zum Glauben gebracht werden könne.[30] Man war der Ansicht, dass Ungläubige weniger rational als Gläubige seien, weshalb sie für ihren Unglauben die Verantwortung trügen, der Christ dagegen habe nicht nur die Macht, sondern auch die Vernunft auf seiner Seite.[31] Dieser Anspruch war es, welcher die Religionsgespräche seit dem 13. Jahrhundert entscheidend beeinflusste.[32] Folge war die Ausrichtung künftiger Religionsgespräche nach dem einseitigen Schema der Überzeugung des anderen von der Überlegenheit der eigenen Religion.

2.2.2. Das Religionsgespräch als Mittel der Judenmission

Das Religionsgespräch von Paris (1240)

1238 erhob ein Konvertit, Nikolaus von La Rochelle, den Vorwurf, der Talmud enthalte schwerwiegende Beleidigungen gegen den christlichen Glauben und sei daran schuld, dass die Juden in ihrem Glauben verharrten.[33] Daraufhin legte er Papst Gregor IX. eine Liste von 35 Anklagepunkten vor, in welchen er u.a. unterstellte, der Talmud gelte den Juden als der Bibel gleichwertig, enthalte Ketzereien, welche Gott menschliche Eigenschaften zusprächen, gäbe Juden die Erlaubnis Christen zu töten und zu betrügen.[34] Seine Anschuldigungen fanden innerhalb der Amtskirche Gehör, Papst Gregor IX. ordnete die Verbrennung des Talmud an, welche zum ersten Mal 1242 in Paris vollzogen wird.[35]

Dem Ergebnis von 1242 ging ein langwieriger Prozess voraus. Etliche Rabbiner wurden in das königliche Schloss nach Vincennes bei Paris beordert, wo sie vor

---

30 Vgl. Waardenburg: Religionsgespräche I, 635.
31 Vgl. Waardenburg: Religionsgespräche I, 635.
32 Vgl. Waardenburg: Religionsgespräche I, 635.
33 Vgl. Eckert: Spätmittelalter, 212.
34 Vgl. Limor: Religionsgespräche III, 650.
35 Vgl. Eckert: Spätmittelalter, 212.

einer Art Gelehrtengericht Stellung zu den Anschuldigungen beziehen sollten.[36] Die zusammen gekommenen jüdischen Gelehrten konzentrierten sich darauf, die gegen ihre Religion vorgebrachten Vorwürfe gegen den Ankläger umzukehren, indem sie jenem Rachsucht an seinen ehemaligen Glaubensgenossen vorwarfen sowie Fehler in der lateinischen Übersetzung betroffener Talmudstellen aufzuzeigen zu beabsichtigten, aus welchen La Rochelle seine Vorwürfe begründet hatte.[37]

Das Religionsgespräch von Barcelona (1263)

Trotz päpstlicher Entscheidung variierte der Umgang mit dem Talmud regional. So traten spanische Theologen für den Erhalt des Talmud mit der Begründung ein, dieser enthalte neben seiner Diffamierung des christlichen Glaubens auch gute Stellen, welche letztlich sogar einer Bekräftigung des christlichen Glaubens zuträglich seien.[38] Symbolisch für diese Auseinandersetzung mit der jüdischen Religion ist das Religionsgespräch von Barcelona, welches gegen Ende Juli 1263 stattfand. Es ist kurz in einer offiziellen lateinischen Urkunde aus der königlichen Kanzlei sowie in einer hebräischen Abhandlung beschrieben, welche der maßgebende Vertreter der jüdischen Seite, Rabbi Mose ben Nachman, verfasste.[39] Vertreter der christlichen Seite war ein gewisser Pablo Christiani, ein getaufter Jude und zu jenem Zeitpunkt Dominikanermönch.

Wie in Paris ging es auch in Barcelona um den Talmud, allerdings unter völlig anderen Bedingungen: es ging darum den Beweis zu erbringen, dass der Talmud für den Erweis der christlichen Wahrheit fruchtbar gemacht werden könne.[40] Das praktische Vorgehen ähnelte dem von Paris. Auch in Barcelona war die Aufgabe der jüdischen Vertreter darauf beschränkt, auf die Fragen der christlichen Vertreter zu antworten, Gegenfragen hingegen waren nicht gestattet.[41] Dass das Gespräch dann doch offener als erwartet verlief war wohl Mose ben Nachman zu verdanken, welchem eine gewisse Redefreiheit zuerkannt wurde, weshalb die Disputation von Barcelona einen „offeneren Typ interreligiöser Kon-

---

36 Vgl. Limor: Religionsgespräche III, 650.
37 Vgl. Limor: Religionsgespräche III, 650.
38 Vgl. Eckert: Spätmittelalter, 212.
39 Vgl. Limor: Religionsgespräche III, 651.
40 Vgl. Limor: Religionsgespräche III, 651.
41 Vgl. Limor: Religionsgespräche III, 651.

frontation"[42] darstellt. Der Vertreter der christlichen Seite führte u.a. folgende Argumente gegen den jüdischen Glauben an: Zum einen sei der Messias bereits gekommen und dieser sei gleichsam Mensch wie Gott. Zum anderen seien mit seinem Tod am Kreuz die biblischen Gebote und Verbote aufgehoben.[43] Es handelt sich um diejenigen Argumente, welche auch Luther im Rahmen seines theologischen Wirkens immer wieder äußern wird, so auch in seinem Traktat *Dass Jesus Christus ein geborener Jude sei*.

Nebst der beiden angeführten Religionsgespräche gab es dasjenige von Tortosa sowie viele weitere, weniger bekannte Disputationen. So gab es immer wieder Disputationen zwischen jüdischen und christlichen Gelehrten, welche in Aufbau und Umsetzung wohl dem von Barcelona ähnelten.[44] Bemerkenswert ist, dass Auseinandersetzungen um religiöse Inhalte nicht auf die Reihen der Gebildeten beschränkt blieb. Solche Privatdisputationen wurden von den kirchlichen Autoritäten ungern gesehen und dementsprechend – so weit möglich – unterbunden, was wohl mit (begründetem) Misstrauen in die Gelehrsamkeit gewisser gesellschaftlicher Kreise gerechtfertigt wurde.[45] Bedenkt man, dass solche kleineren Disputationen vermehrt spontan abgehalten und zumeist „auf biblische Belegstellen und auf die offenkundigsten Gegenstände der christlich-jüdischen Polemik"[46] beschränkt blieben, so lässt sich die Skepsis kirchlicher Autoritäten eher verständlich machen.

2.2.3. Hebräisch als missionarische Notwendigkeit

Die zu Beginn des 13. Jahrhunderts gegründeten Orden – und darunter vor allem die Franziskaner und Dominikaner – betätigten sich als Missionare unter den Juden, wobei sie vor allem das Potential des Religionsgesprächs für sich erkannten.[47] Gemein war den Religionsgesprächen der inhaltliche Kern, welcher die grundlegenden Punkte des christlichen Glaubens gegenüber den jüdischen Adressaten kommunizieren sollte – die Trinität und die Messianität Jesu.[48] Um nicht allein auf Argumente der Heiligen Schrift zurückgreifen zu müssen, war

---

42 Limor: Religionsgespräche III, 651.
43 Vgl. Limor: Religionsgespräche III, 651.
44 Vgl. Limor: Religionsgespräche III, 653.
45 Vgl. Limor: Religionsgespräche III, 653.
46 Limor: Religionsgespräche III, 653.
47 Vgl. Eckert: Spätmittelalter, 212.
48 Vgl. Eckert: Spätmittelalter, 212.

der Zugriff auf die Argumentation rabbinischer Texte unabdingbar.[49] Dieser war jedoch ohne entsprechende Kompetenzen in der hebräischen Sprache unmöglich, weshalb sich vor allem die Dominikaner unermüdlich für die Gründung von Sprachschulen einsetzten.[50] Unter ihnen gilt besonders Ramon von Penaforte (gest. 1275) als energischer Missionar, welcher in einer noch vor der Mitte des 14. Jahrhunderts entstandenen Vita gelobt wird:

> „Auf seinen Rat hin und mit seiner Unterstützung wurden einige Ordensleute auch in der hebräischen Sprache so unterrichtet, daß sie die Bosheiten und Irrtümer der Juden kennen."[51]

Deutlich wird – wie auch 150 Jahre später bei Reuchlin – dass die Unterweisung in der hebräischen Sprache letztlich dazu dienen sollte, vermeintliche Bosheiten und Irrtümer innerhalb der jüdischen Überlieferung herausstellen zu können.

Der Vorschlag um Errichtung hebräischer Sprachschulen wurde letztlich sogar erweitert. Nicht nur sollten die Christen die hebräische Sprache erlernen, auch sollten Juden – und nicht nur diese – in der lateinischen Sprache unterwiesen werden.[52] Der Forderung nach einer allgemeinen Bildung in u.a. der hebräischen Sprache wurde bereits auf dem Konzil von Vienne (1311/12) entsprochen, die praktische Umsetzung war dagegen eher überschaubar, was mit dem Fehlen einer hebräischen Grammatik und den wenigen zur Verfügung stehenden (nicht jüdischen) Lehrern zu erklären ist.[53]

2.2.4. Zur Problematik der Zwangstaufe

Für ein näheres Verständnis von Zwangstaufen in vorreformatorischer Zeit sei an dieser Stelle kurz auf die sogenannten *Sicut-Judaeis-Bullen* eingegangen. Der Text der Bulle wurde auf Weisung Papst Eugen III. in das Corpus Juris Canonici aufgenommen.[54] Seine Bedeutung zeigt sich darin, dass er im Wesentlichen von

---

49 Vgl. Eckert: Spätmittelater, 212.
50 Vgl. Eckert: Spätmittelalter, 212f.
51 Zitiert nach: Eckert: Spätmittelalter, 235.
52 Vgl. Eckert: Spätmittelalter, 236.
53 Vgl. Eckert: Spätmittelalter, 213.
54 Vgl. Brosseder: Luther, 114.

verschiedenen Päpsten bis in das 15. Jahrhundert hinein immer wieder erneuert wurde.[55]

Es handelt sich um eine päpstliche Schutzbulle, welche das zeitgenössische Judentum insbesondere gegen die Vorwürfe des Ritualmordes in Schutz nahm, welcher für die Juden lebensgefährlich sein konnte, wohingegen andere Bullen dazu dienten, Juden vor Übergriffen durch die Inquisition zu bewahren.[56] Obgleich die Bulle den Juden bestimmte Rechte zuerkannte, so war ihre Einhaltung an die Sicherung durch die weltlichen Obrigkeiten gebunden, was wiederum dazu führte, dass es sich um eine dehnbare Interpretation handelte.[57] So formuliert die Bulle den Schutz der Juden als geltend, solange diese nichts gegen den christlichen Glauben unternähmen, bleibt aber die Erläuterung schuldig, was darunter im Einzelnen zu verstehen sei.[58] Allerdings wendet sich die Bulle klar gegen die Vollstreckung von Zwangstaufen gegenüber Juden, wie der Bulle Innozenz' III. zu entnehmen ist.[59] Einschränkend wird jedoch festgelegt, dass diejenigen, welche einmal das Christentum in der Taufe angenommen haben, sich von diesem nicht mehr abwenden dürften.[60] Das Verbot einer Zwangstaufe wurde durch das gesamte Mittelalter immer wieder erneuert, doch sollte es auch hier Deutungsräume bei der praktischen Umsetzung geben. So verbreitete sich recht bald die Tendenz, zwischen einem *direkten* und einem *indirekten* Zwang zu unterscheiden, wobei nur ersterer abgelehnt wurde.[61]

Von welcher Relevanz die Judenmission für das Hoch- und Spätmittelalter war, zeigt sich bereits daran, dass selbst die großen scholastischen Theologen wie Thomas von Aquin oder Johannes Duns Scotus nicht an dieser Thematik vorbeikamen. So referiert Thomas in seiner summa theologica – im Abschnitt über die Tugenden – zum Thema Glaube:

---

55 Im 13. Jahrhundert waren es beginnend mit Innozenz III. zehn Päpste, im 14. Jahrhundert vier Päpste und im 15. Jahrhundert drei Päpste, welche den Text promulgierten. (Vgl. Eckert: Spätmittelalter, 215).
56 Vgl. Eckert: Spätmittelalter, 216.
57 Vgl. Eckert: Spätmittelalter, 216.
58 Vgl. Eckert: Spätmittelalter, 216.
59 Vgl. Eckert: Spätmittelalter, 216.
60 Vgl. Eckert: Spätmittelalter, 216.
61 Vgl. Eckert: Spätmittelalter, 217.

„Solche sind denn auf keine Weise zum Glauben zu nötigen, [...]; denn Glauben ist Sache des Willens."[62]

Thomas wendet sich an dieser Stelle deutlich gegen eine gewaltsame Konversion. Er sah im alttestamentlichen Kult wohl eine Art Vorläufer zum christlichen Gottesdienst, weshalb er dessen Ausübung zumindest tolerieren konnte.[63] Allerdings war auch er der Ansicht, dass der einmalig zum Christentum Bekehrte an dieses gebunden und eine Rückkehr zu dessen ursprünglichem Glauben nicht länger möglich sei, was bereits durch die Dekretale Turbato corde Clemens` IV. von 1267 betont wurde.[64] Eine solche Regelung verwehrte sich gegen jeglichen Abfall vom christlichen Glauben, weshalb auch Christen, welche sich dem jüdischen Glauben zuwandten, als Häretiker galten und verfolgt wurden.[65]

Neben der allgemeinen Kritik an Zwangstaufen, sofern diese unter den Tatbestand des direkten Zwangs fielen, störte sich Thomas an dem oft geäußerten Wunsch, jüdische Kinder auch gegen den Willen ihrer Eltern taufen zu lassen. Thomas stellt dieser religiös motivierten Forderung das Naturrecht entgegen, gemäß dessen das Kind, als Teil seiner Eltern, in erster Linie deren Wunsch unterstellt sei.[66] Er betont, dass kirchliche Rechtsgewohnheiten stets über der Meinung von Kirchenvätern oder einzelnen Gelehrten stünden, beruft sich also bei seinen Ausführungen auf ein bislang beachtetes Gewohnheitsrecht (consetudo), dem die Taufe jüdischer Kinder nicht entspreche.[67] Als Begründung, weshalb Zwangstaufen von Kindern unangebracht seien, verweist er zudem auf den möglichen Schaden, welcher dem Christentum entstehe, sollten die Zwangsgetauften vom Glauben abfallen, da ihre Entscheidung nicht aus freiem Willen getroffen wurde.[68]

Eine konträre Haltung vertrat ein Ordensbruder des Thomas, der Dominikaner Wilhelm von Rennes (gest. 1264). Er kam zu dem Schluss, dass Juden letztlich Diener ihrer Herren seien und daher auch in Fragen der Kindererziehung keine eigene Rechtsgewalt genössen, was wiederum die Fürsten dazu ermächtige,

---

62 Aquin: Summa, 212.
63 Vgl. Eckert: Spätmittelalter, 219.
64 Vgl. Magin: recht, 170.
65 Vgl. Magin: recht, 170.
66 Vgl. Eckert: Spätmittelalter, 219.
67 Vgl. Magin: recht, 189.
68 Vgl. Magin: recht, 190.

nicht nur über sie, sondern auch über ihre Kinder zu verfügen.[69] Die individuelle Zustimmung zur Taufe hielt er zudem für irrelevant, es genüge die passive Haltung der Kinder.[70]

Die Problematik der Zwangstaufe blieb auch in den nachfolgenden Generationen aktuell und umstritten. Der Auffassung des Wilhelm von Rennes schloss sich der Franziskaner Johannes Duns Scotus an. In seinem Sentenzenkommentar begründet er seine Haltung unter Hervorhebung des göttlichen Willens. Der jüdische Glaube widerspreche Gott, weshalb eine unbedingte Hinwendung der Juden zu Christus unumgänglich sei.[71] Entsprechend müsse es auch gestattet sein, Kinder gegen den Willen ihrer Eltern zu taufen:

> „Man sagt, es sei nicht erlaubt, die Kinder der Juden und der Ungläubigen gegen den Willen der Eltern zu taufen; [...]; denn so lange sie Kinder seien, hätten die Eltern ein Recht auf sie. Aber diese Begründung, [...], scheint nicht hinsichtlich der Fürsten zu gelten, dessen Herrschaft sie unterworfen sind."[72]

2.3. Zwischenfazit

Fassen wir die bisherigen Ausführungen zusammen: Im ausgehenden Mittelalter befand sich das Deutsche Reich in einem gesellschaftlichen Umbruch. Der zunehmende Einfluss großer Handelsfamilien führte zu einem Konkurrenzdenken, welches letztlich auch die verarmten gesellschaftlichen Schichten tangierte. Diese wiederum entluden ihren Hass an der jüdischen Bevölkerung, welche nun als Personifikation für den Wucherer schlechthin herangezogen wurde. Die neu entflammte Religiosität führte zur Wiederkehr der alten, den Juden entgegengebrachten, Stereotypen, wie dem Ritualmordvorwurf und der Hostienschändung.

Spätestens seit dem Hochmittelalter lassen sich ernsthafte Bemühungen um eine systematisierte Judenmission nachvollziehen, welche – regional unterschiedlich stark umgesetzt – in Form von Religionsgesprächen und Zwangspredigten nennenswerte Bekehrungen unter (nicht nur) den Juden anstrebten.

Es wurde angeführt, dass der jüdische Glaube in gewisser Weise durch rechtliche Fixierungen, in Form der *sicut-judaeis-Bullen*, toleriert wurde, jedoch durch

---

69 Vgl. Magin: recht, 188.
70 Vgl. Magin: recht, 188.
71 Vgl. Eckert: Spätmittelalter, 219.
72 zitiert nach: Eckert: Spätmittelalter, 220.

die wenig eindeutige Formulierung Raum für variable praktische Umsetzungen gegeben war.

Auch führende Theologen des hohen und späten Mittelalters waren sich in Hinblick auf den gewünschten Umgang mit Juden – vor allem bei den Zwangstaufen – uneinig, wie anhand kurzer Ausführungen zu Thomas von Aquin und Johannes Duns Scotus dargelegt wurde.

Neben Zwangspredigten waren es vor allem Religionsgespräche, welche seit dem Spätmittelalter, unter Anleitung durch Franziskaner und Dominikaner, immer größere Beachtung fanden. Diese trugen gleichzeitig zu einem verstärkten Umgang christlicher Theologen mit der hebräischen Sprache bei, mussten doch die Missionare, um auch rabbinische Schriften missionarisch verwenden zu können, dieser mächtig sein. Die Entstehung zahlreicher Sprachschulen zur Unterweisung christlicher Missionare spiegelt dies eindrücklich wider.

3. Martin Luther und die Judenmission

3.1. Vorbemerkungen

Die frühe Reformationszeit greift in den maßgeblichen Punkten die Missionspraxis des Mittelalters wieder auf bzw. führt diese weiter. Mit der aufkommenden Debatte zwischen Reuchlin und Pfefferkorn sowie der ihn unterstützenden Kölner Dominikaner um Erhalt oder Vernichtung jüdischer Schriftkultur wird im Grunde der spätmittelalterliche Disput erneut eröffnet, ob von jüdischen Schriften eher eine Gefahr oder eine Bestärkung der christlichen Religion zu erwarten sei.[73]

Wie bereits ausführlich dargestellt war die gesellschaftlich-rechtliche Situation der Juden an der Wende vom 15. zum 16. Jahrhundert mehr als schwierig und kann „zu Recht mit dem Wort ‚Elend' bezeichnet werden [...]."[74] Mit dem Erstarken der reformatorischen Bewegung und der von Luther gegenüber den Juden augenscheinlich artikulierten Freundlichkeit wird sich auch bei der jüdischen Bevölkerung das ein oder andere Gefühl von Veränderung und Hoffnung geregt haben. So ließen sich aus verschiedenen Quellen gar messianische Erwartungen der Juden belegen, welche diese auf Luther projiziert hätten.[75] Maßgeblichen Anteil daran wird die vielleicht berühmteste „Judenschrift' des 16. Jahrhunderts gehabt haben, Martin Luthers Traktat *Dass Jesus Christus ein geborener Jude sei* von 1523. Seine (offenkundig) missionarisch ausgelegte Argumentationsweise ist dabei zumindest derart eindrücklich, dass sie ihm die Bezeichnung als Luthers *Missionsschrift* eingebracht hat, obgleich die Frage, inwieweit es sich wirklich um eine reine Missionsschrift handelt, immer wieder Anlass zu Debatten gab.

3.2. Judenmission am Vorabend der Reformation

Spätestens mit der angesprochenen Debatte um Erhalt oder Zerstörung jüdischen Schrifttums zu Beginn des 16. Jahrhunderts wird deutlich, worum es eigentlich geht. Die jüdische Religion sei – wenn überhaupt – als Bekräftigung des christlichen Wahrheitsanspruchs anzuführen und werde auf kurz oder lang obsolet werden. Legt man diese These zugrunde, so kann der Umgang mit den Juden nur auf eine Bekehrung dieser hin zu Christus hinauslaufen.

---

73 Vgl. Brosseder: Luther, 117.
74 Oberman: Wurzeln, 126.
75 Vgl. Kaufmann: Juden, 36.

Auch am Vorabend der Reformation waren seit dem Spätmittelalter breit angewendete Methoden zur Judenmission nach wie vor in Kraft. Der bereits mehrfach angesprochene Dominikaner Petrus Nigri war ein besonders intensiver Verfechter der Zwangspredigten, welche er selbst aktiv durchführte. So sind von ihm durchgeführte Predigten u.a. in Regensburg (1474), Nürnberg, Frankfurt, Bamberg und Worms überliefert.[76] Allgemein galt, dass Zwangspredigten von dem Zuspruch oder zumindest der Duldung durch die jeweilige weltliche Obrigkeit abhingen, weshalb sie längst nicht überall flächendeckend durchgesetzt werden konnten.[77]

Obgleich die Handlungsoptionen des zeitgenössischen Judentums nur gering waren, so lässt sich doch von *dem* Umgang mit den Juden nicht sprechen. Insbesondere in den 1530er Jahren gingen verschiedene Landesherren in Bezug auf die Judenfrage unterschiedliche Wege. An den Entscheidungsprozessen waren die jeweiligen Reformatoren nicht unbeteiligt und fungierten als Berater ihrer Landesherren, so Luther in Kursachsen und Bucer in Hessen.[78] Das energische Vorgehen der Landesherren, welches wiederum auf Ausweisung der jüdischen Bevölkerung hinauslaufen sollte, hatte sicherlich mit der angesprochenen Ausbeutung und anschließenden Abschiebung vermögender Juden zu tun. Heiko Oberman will jedoch insbesondere die Angst der Christen vor einer jüdischen „Missionsoffensive und Schwächung der Christenheit"[79] nicht unterschätzt wissen. In den meisten Fällen wird der Drang sich zu bekehren für die jüdische Bevölkerung mehr als hoch gewesen sein, waren doch die Aufenthaltsbestimmungen eng und changierten zwischen befristeter Duldung und Ausweisung.[80] Insbesondere in dicht besiedelten Räumen wie Städten wird die Abneigung der christlichen Bevölkerung gegenüber den Juden spürbar gewesen sein, da kaum Rückzugsmöglichkeiten vorhanden waren. Dass eine solche ausgrenzende Behandlung der jüdischen Bevölkerung nicht spurlos an deren Verhältnis zur christlichen Majorität vorbeigezogen sein wird, sondern „gewiß Haß bei den Juden gegen Christen und ihren tryrannischen Glauben erzeugt haben"[81] mag, liegt im Rahmen des Wahrscheinlichen.

---

76 Vgl. Eckert: Spätmittelalter, 251.
77 Vgl. Eckert: Spätmittelalter, 251.
78 Vgl. Oberman: Wurzeln, 127.
79 Oberman: Wurzeln, 128.
80 Vgl. Kaufmann: Juden, 30.
81 Oberman: Wurzeln, 128.

3.3. Missionarische Argumentation

Die Auseinandersetzung mit der Judenfrage lässt sich innerhalb von Luthers Schriften bis um das Jahr 1513 zurückverfolgen.[82] Es handelt sich jedoch zunächst um vereinzelte Aussagen im Rahmen seiner ersten Psalmenvorlesung (Dictata super Psalterium).[83] Dies darf jedoch nicht über die Intensität hinwegtäuschen, in welcher sich Luther mit den Juden bzw. dem Judentum auseinandersetzte. So ist der Umgang mit den Juden zentraler Bestandteil durch seine gesamte Wirkungszeit hindurch, wobei diese Thematik im Rahmen von Bibelkommentaren, Briefen, Traktaten, Tischreden, Predigten u.a. – mal mehr, mal weniger polemisch – zur Sprache kommt.[84] Es ist daher angemessen, die Judenfrage als „ein[en] unveräußerliche[n] Grundsachverhalt seiner theologischen Existenz"[85] zu verstehen. Unangemessen wäre es hingegen meines Erachtens nach, Luthers Aussagen im Rahmen seines Traktats *Dass Jesus Christus ein geborener Jude sei* als alleinige Beschreibung seiner missionarischen Absichten heranziehen zu wollen. Im Folgenden sollen daher einige derjenigen Aussagen Luthers, welche er zum Teil lange vor 1523 geäußert hat, zur Sprache kommen. Es ist jedoch zutreffend, dass Luther 1523 eine ausführliche Reflexion seiner eigenen Auffassung vom Judentum sowie eine ausführliche Kritik am mittelalterlichen Missionswesen vornimmt, wobei er Argumente seiner frühesten Wirkungszeit erneut aufnehmen wird.

3.3.1. Keine Zwangsmissionierung unter Juden

Aus Luthers vereinzelten Äußerungen aus jener Zeit lässt sich erkennen, dass er im Grunde an der Haltung des Innozenz und des Thomas von Aquin festgehalten hat, eine Judenmission nicht durch Zwang umsetzen zu wollen. So verurteilt er in seiner zweiten Psalmenvorlesung (Operationes in Psalmos, 1519-21), im Rahmen einer Auslegung von Psalm 14,7, diejenigen Christen, denen es gefalle, die Juden mit großem Hass zu verfolgen.[86] Dass es eben jene aggressive Haltung sei, welche die Missionsarbeit unter Juden mehr behindere als fördere, wird Luther dann auch nicht müde in seiner Schrift von 1523 zu betonen, doch dazu später.

---

82 Vgl. Kaufmann: Judenschriften, 6.
83 Vgl. Kaufmann: Juden, 50.
84 Vgl. Kaufmann: Judenschriften, 6.
85 Kaufmann: Judenschriften, 6.
86 Wetter: Missionsgedanke, 263f.

Als Luther im Februar 1514 von Spalatin um eine Äußerung zum Streit zwischen Reuchlin und Pfefferkorn gebeten wird, ob er einer Verbrennung jüdischen Schrifttums zustimme oder dies ablehne, ergreift er Partei für ersteren, allerdings mit einer deutlich weniger humanistischen Begründung als dieser.[87] So betont er, dass in den jüdischen Schriften sicherlich Lästerungen gegen Christus vorhanden seien, diese jedoch nicht durch äußere Gewalt unterdrückt werden sollten, sondern durch geistige Mittel gegen die Christen:[88]

> „Hundertmal schlimmer sind die Lästerungen, die man auf allen Gassen Jerusalems (überall in der Christenheit) findet, und daß alles voll ist von geistlichen Götzenbildern. Die sollten mit höchstem Fleiß ausgemerzt werden als die inneren Feinde. Wir aber lassen alles stehen, was uns am meisten zu schaffen macht, und richten unsere Aufmerksamkeit auf äußere Dinge, die uns nichts angehen; [...]."[89]

Vernehmbar ist vor allem Kritik an den Christen, welche durch Lästerungen wider die Juden von ihren eigenen Vergehen ablenken wollten. Luther wirft im Grunde die Frage auf, inwieweit es überhaupt gelingen kann die Juden zu bekehren, wenn selbst die Christenheit noch voll von geistlichen Götzenbildern ist, sprich sich selbst nicht christlich verhält und sich versündigt. Wenn auch 1514 noch nicht so eindringlich formuliert wie 1523, so begegnet doch bereits erste Kritik an der christlichen Lebensweise, welche nach 1517 in der Kritik an der Papstkirche kulminiert.

3.3.2. Kein Unterschied zwischen Juden und Christen

In der bereits angesprochenen Auslegung von Psalm 14,7 greift Luther die Textstelle ‚und bleibt nichts von ihrer Hitze verborgen' auf und interpretiert diese folgendermaßen:

> „Daß der Heilige Geist im allegorischen Sinn die Wärme der Sonne genannt wird, darüber besteht kein Zweifel. Damit aber hat er alles Ansehen der Person aufgehoben, und keinen Unterschied gemacht zwischen Heiden und Juden. Denn über allen steht ein und derselbe Herr, der sich aus Steinen Kinder (filios) Abrahams erwecken kann."[90]

---

87 Vgl. Maurer: Zeit, 378.
88 Vgl. Maurer: Zeit, 378.
89 WA BR 1: 23, 22-26, zitiert nach: Maurer: Zeit, 378.
90 WA 5: 553, 4-7, zitiert nach: Wetter: Missionsgedanke, 269.

Luther betont hier, dass es keinen Unterschied zwischen Juden und Heiden[91] gebe. Die Wärme der Sonne stehe symbolisch für den Heiligen Geist, welcher zwischen Juden und Heiden *keine* Unterscheidung vornehme. So spiele das individuelle Ansehen des Menschen keine Rolle, da dieses vor Gott aufgehoben sei. Über beiden – Juden wie Christen – stehe derselbe Herr.

In seiner Vorlesung zum Römerbrief (1515/16) hatte Luther hingegen noch die *besondere* Stellung der Juden (in Abgrenzung zu den Heiden) gegenüber Gott thematisiert. So verweist er in Anlehnung an Röm. 3,2 darauf, dass den Juden die Worte Gottes anvertraut seien.[92] Diese besondere Stellung scheide die Juden zwar von den Heiden, verwahre sie jedoch nicht vor der Sünde.[93] Ausschlaggebend für eine solche Feststellung ist die von Luther wahrgenommene Verhaftung der Juden in ihrer, lediglich äußeren, *buchstäblichen* Gesetzeserfüllung.[94] Luther folgert bei seiner Erklärung zu Röm. 3,2, dass Gott den Juden Christus geschickt habe um sie eben aus dieser Verhaftung zu befreien.[95] Ähnliches Gedankengut findet sich auch in Luthers Auslegung des Magnificat (Lk. 1,46-55) von 1521, wo er aus seinen theoretischen Überlegungen mögliche Folgerungen für das gesellschaftliche Zusammenleben von Christen und Juden eruiert. Er formuliert dort einen Aufruf, dass wir (die Christen) „die Juden nit so unfruntlich handeln, denn es sind noch Christen unter yhn zukunfftig […].“[96] Auch diesen Gedanken wird Luther in seine Missionsschrift aufnehmen und entfalten. Doch spätestens 1521 kristallisiert sich offensichtlich eine für Luthers weiteres Vorgehen maßgebliche Überzeugung heraus: Juden sind nicht einfach Juden, sie sind potentielle Christen.

3.3.3. Die Befreiung der Juden aus der Gefangenschaft des Gesetzes

Reinhold Lewin betont, dass ab 1521 zwar ein Umdenken seitens Luther zu verzeichnen, dieses jedoch nicht innerhalb seiner theologischen Grundhaltung gegenüber den Juden zu suchen sei, welche sich seit 1513 nicht geändert habe.[97] In den Jahren zwischen 1513 und 1516 setzt sich Luther im Rahmen seiner Vorle-

---

91 gemeint sind die Christen.
92 Vgl. Wetter: Missionsgedanke, 107.
93 Vgl. Wetter: Missionsgedanke, 107.
94 Vgl. Wetter: Missionsgedanke, 107.
95 Vgl. Wetter: Missionsgedanke, 107.
96 WA 7: 600, 33f.
97 Vgl. Lewin: Stellung, 2.

sungen zum Psalter (unter anderem) mit den Juden auseinander. Darin behauptet er, die Juden strebten zwar nach Gott, jedoch auf fehlgeleitete Art und Weise, weshalb sie der Verirrung ausgesetzt seien.[98] Diese Verirrung sei der Weg des Gesetzes, welchen sie nicht verließen und welcher sie vom wahren Glauben hinweggeführt habe.[99] Ihre talmudischen Schriften seien voller Verdrehungen und Lügen, welche die biblische Botschaft trübten und die Juden dazu verleiteten, diese nicht auf Christus zu beziehen.[100] Luther kritisiert im Grunde eine philologische Auslegung biblischer Schriften. Eine solche Deutung biblischer Texte war – dies wird immer wieder zu betonen sein – dem Reformator fremd, wollte dieser doch die alttestamentlichen Schriften christologisch, also vom Christusgeschehen aus, gedeutet wissen.[101]

Für Luther stand fest, dass über den Juden das Strafgericht Gottes liege, woraus er ableitete, dass es nur Gottes Aufgabe sein könne, die Juden aus ihrer Gefangenschaft zu befreien. Eine Befreiung könne aber nur über das Heil ermöglicht werden, welches wiederum eine Bekehrung hin zu Christus unumgänglich mache.[102] Maurer folgert daraus, dass die jüdische Religion Luther letztendlich als eine christusfeindliche Religion erscheinen musste.[103] Christusfeindlich meint an dieser Stelle die Verneinung der von Luther als grundlegend verstandenen Unmöglichkeit, sich aus eigener Kraft zu retten.[104] Folglich sei für diesen ein jeder ein Christusfeind, welcher glaubt, sich aus Werken das Heil erarbeiten zu können, da er sich dem Konzept der Rechtfertigung aus Glauben widersetze und seine eigene Gerechtigkeit aufrichten wolle.[105] Dieser These folgend erschließt sich auch, weshalb dem Reformator letztlich nicht nur Juden (und Muslime), sondern auch die Repräsentanten der Amtskirche samt Ablasshandel als Christusfeinde erscheinen mussten.

---

98 Vgl. Lewin: Stellung, 3.
99 Vgl. Lewin: Stellung, 3.
100 Vgl. Lewin: Stellung, 3.
101 Vgl. Maurer: Zeit, 378.
102 Vgl. Lewin: Stellung, 7.
103 Vgl. Maurer: Zeit, 378.
104 Vgl. Maurer: Zeit, 379.
105 Vgl. Maurer: Zeit, 380.

3.3.4. Solidarität mit den Juden

In seiner Römerbriefvorlesung betont Luther, es sei Aufgabe der Christen mit den Juden zu leiden, weshalb man ihnen jüdische Zeremonien zugestehen solle, solange der (christliche) Heilsglaube dadurch nicht gefährdet werde.[106] Keine Schrift – so Wilhelm Maurer – hebe die „Solidarität mit dem schuldig gewordenen, verstockten und verworfenen jüdischen Volke"[107] so sehr hervor, wenn Luther in seiner Auslegung betont:

> „Und in dem allen hebt der Apostel den Streit der Juden und Heiden auf, daß sie einander nicht widersprechen, sondern sich gegenseitig aufnehmen, wie Christus sie aufgenommen hat."[108]

Luther formuliert bereits hier einen Aufruf an die Christenheit, sich gegenüber den Juden barmherzig zu zeigen und Auseinandersetzungen mit ihnen zu vermeiden. Weniger deutlich als 1523 sind hingegen die missionarischen Akzente. So kann das ‚sich gegenseitig aufnehmen' sogar als Aufruf zu gegenseitiger Toleranz verstanden werden. In Anbetracht einer auf den Universalanspruch der eigenen Religion geprägten Gesellschaft – wie bereits in Zusammenhang mit den mittelalterlichen Religionsgesprächen angedeutet – scheint dies jedoch wenig wahrscheinlich. Denn Luthers Missionsabsicht – so Wetter – sei kein partielles, auf einzelne Gruppen ausgerichtetes Konzept, sondern ein an alle Völker gerichtetes.[109] Dies veranschauliche Luthers Auffassung von einer Universalität des göttlichen Wortes, so wie es in der Heiligen Schrift überliefert ist.[110]

Von einer Bekehrung ganz Israels hin zu Christus ging Luther aber in seiner Frühzeit dennoch nicht aus, sondern begrenzte seine Zuversicht auf die Bekehrung eines *Restes*.[111] Dass eine solche Hoffnung nicht vollends aus der Luft gegriffen war, beweist die Konversion des Rabbiners Jakob Gipher in Göppingen 1519.[112]

---

106 Vgl. Maurer: Zeit, 383.
107 Maurer: Zeit, 383.
108 WA 56: 140, 16-18, zitiert nach: Maurer: Zeit, 383.
109 Vgl. Wetter: Missionsgedanke, 104.
110 Vgl. Wetter: Missionsgedanke, 104.
111 Vgl. Lewin: Stellung, 4.
112 Vgl. Ehrlich: Luther, 74.

3.3.5. Gott als Missionar unter den Juden

Luthers Ausführungen seien – so Lewin – eine *Bücherweisheit*, d.h. das jüdische Volk sei als das Volk der Schrift an die alttestamentlichen Prophezeiungen gebunden, weshalb es keinem Menschen zustehe, den göttlichen Plan mit seinem Volk zu durchkreuzen.[113] Luthers Betrachtungsweise einer Judenmission ist demnach eine sehr theozentrische, auf das Handeln Gottes mit seinem Volk (durch das biblische Wort) zugeschnittene. Daraus ableiten zu wollen, dass Luther jegliche menschliche Mitwirkung an einer Judenmission verneinte, würde jedoch meines Erachtens nach zu weit führen. Er sah in der gängigen praktischen Judenpolitik wohl schlechte Ausgangsvoraussetzungen für eine Mission. So betont er die Mitschuld der Christen an einer bisher unzulänglichen Judenmission, wenn er 1520 in seiner Erklärung zu Psalm 14,7 darlegt:

> „Diese gottlosen Namenchristen bereiten durch diese ihre Tyrannei dem christlichen Namen und Volk einen schweren Verlust. Auch sie sind schuld und teilhaftig an der jüdischen Ungläubigkeit."[114]

Ähnliches wiederholt er erneut in einem Brief an den bereits erwähnten Konvertiten Jakob Gipher, welcher nun unter seinem christlichen Namen Bernhard angesprochen wird. Darin formuliert er nicht nur seine Vorwürfe gegen die Christen, sondern fasst ebenfalls seine Haltung gegenüber dem zeitgenössischen Judentum zusammen. So seien Starrsinn und Nichtsnutzigkeit der Juden zwar ein Problem, schlimmer hingegen seien jedoch die Päpste, Priester, Mönche und Studenten, welche den Juden gegenüber nicht das geringste Mitgefühl erwiesen.[115]

Obgleich in Luthers Auffassung von Mission Gott derjenige ist, welcher missioniert, so besteht die Aufgabe der Christen – in Hinblick auf einen verbesserten Umgang mit den Juden – darin, die notwendigen *strukturellen* Voraussetzungen für das Gelingen einer Mission unter Juden zu schaffen. Aus eben einer solchen Haltung lassen sich Luthers Forderungen nach einem verbesserten gesellschaftlichen Umgang mit den Juden verstehen, wie er sie 1523 eindrücklich in seiner Missionsschrift fordert. Dass persönliche Gründe oder Erlebnisse für Luthers Aufruf zu einem besseren Umgang mit den Juden eine Rolle spielten schließt

---

113 Vgl. Lewin: Stellung, 8.
114 WA 5: 428, 39-429,1, zitiert nach: Ehrlich: Luther, 73f.
115 Vgl. Ehrlich: Luther, 74.

Lewin dagegen aus.[116] Dafür spricht sicherlich auch die bereits skizzierte, auf Ausweisung gemünzte Judenpolitik auf deutschem Boden, welche die jüdische Bevölkerung in Luthers Wirkungsbereich zu Beginn der 1520er Jahre bereits dezimiert hatte. Kaufmann verweist darauf, dass eben jene Städte, in welchen Luther sein Leben und sein Wirken vollzog, nämlich Eisleben, Mansfeld, Magdeburg, Eisenach, Erfurt und Wittenberg kaum eine jüdische Bevölkerung vorzuweisen hatten.[117] Insbesondere in Mansfeld, also demjenigen Ort, in welchem Luther seine Kindheit und Jugend verbrachte, sei bereits seit 1434 kein Jude mehr nachgewiesen.[118] In Wittenberg seien Juden seit 1422 nicht bezeugt, obgleich in Kursachsen ein Ausweisungsmandat erst ab 1536 durch Kurfürst Johann Friedrich formuliert wurde.[119] Die durchschnittliche Stadt, und damit das alltägliche Leben und Wirken Luthers, war demnach ‚judenfrei'.

3.3.6. Die Bezeichnung des Messias als „Gott" bei Jeremia

Bedeutsam war für Luther seine Auslegung von Jeremia 23,6, wo der Messias als „Gott" bezeichnet wird.[120] So äußerte Luther in seiner zweiten Predigt über die Epistel Jeremia am 25. November 1526, dass „dieser name ‚Jehovah', herr, [...] alleine dem waren Gott [...]."[121] zugehöre. Darin stimmten

> „[...] die heilige schrifft und die Juden selbs, dazu auch die heiligen Veter und alle Schreiber uberein [...], das dieser nahme allein und eygentlich der Gottlichen Maiestet und wesen zugehört, [...];"[122]

Diese Benennung gilt Luther als Hinweis auf die Messianität (und letztlich Göttlichkeit) Jesu, weshalb er diese Ausführungen als den notwendigen und „starcken stos wider die Juden"[123] verstanden wissen will.[124] So ist für Luther aus dem Wort des Propheten klar zu vernehmen, dass „dieser same Davids sey

---

116 Vgl. Lewin: Stellung, 8.
117 Vgl. Kaufmann: Juden, 32.
118 Vgl. Kaufmann: Juden, 32.
119 Vgl. Kaufmann: Juden, 32.
120 Vgl. Wetter: Missionsgedanke, 276.
121 WA 20, 569, 24.
122 WA 20, 569, 25-27.
123 WA 20, 569, 28.
124 Vgl. Wetter: Missionsgedanke, 276.

ein warer und natürlicher Gott."[125] Gegen diese Auslegung hätten auch die Juden nichts vorbringen können, sondern hätten nach Ausflüchten gesucht.[126] Obwohl Luther von der Beweiskraft dieser Textstelle überzeugt zu sein scheint, so führt er sie in seinen Ausführungen innerhalb der Missionsschrift 1523 dennoch nicht an.

Luthers Auslegung dieser Textstelle zeigt seine Bemühungen um einen biblischen Beweis für die Messianität Jesu. Es ist eben jene christologische Deutung alttestamentlicher Prophezeiungen, welcher er auch 1523 in seinem Traktat *Dass Jesus Christus ein geborener Jude* sei besondere Aufmerksamkeit schenkt, wie noch aufzuzeigen sein wird.

3.3.7. Die Glaubenstaufe

Den lateinischen Drucken von Luthers Traktat *Dass Jesus Christus ein geborener Jude sei* war ein Dokument angefügt, welches den deutschen vorenthalten war, nämlich ein Schreiben Luthers an den bekehrten Juden Bernhard zum Zwecke eines Beweises, dass es innerhalb des Judentums bereits zu nennenswerten Bekehrungen hin zum Christentum gekommen sei.[127] Er formuliert in diesem Schreiben die Hoffnung, dass mit dem Aufkommen des goldenen Lichts des Evangeliums die Hoffnung bestehe, dass sich viele Juden ernsthaft bekehren.[128] Über die näheren Umstände der Konversion erfährt der Leser nichts. Luther geht es vielmehr um die Formulierung *ernsthaft*, welche eine bloß äußerliche Konversion verneint.[129] Er sieht im Grunde in Bernhard „jene vertiefte Hinwendung zum Christusglauben, die einem Juden [...] erst aufgrund des sich in der Gegenwart ereignenden ‚Aufgangs des Evangeliums' möglich geworden war."[130] Rein äußerliche Konversionen seien hingegen kein geringes Delikt, sondern zögen ernsthafte Konsequenzen nach sich, wie Luther an einem Predigtbeispiel, das sich am Hofe Kaiser Sigismunds zugetragen haben soll, zu verdeutlichen versucht:

---

125 WA 20, 570, 10f.
126 Vgl. Wetter: Missionsgedanke, 276.
127 Vgl. Kaufmann: Juden, 63.
128 Vgl. WA BR 3: 102, 37-40. ; Vgl. Kaufmann: Juden, 64.
129 Vgl. Kaufmann: Juden, 64.
130 Kaufmann: Judenschriften, 40.

„Dort suchte ein Hofjude [aulicus Iudaeus] mit viel Bitten um das Christentum nach; endlich wurde er zugelassen und getauft; [...]. Denn bald nachdem er getauft worden war, ließ der Kaiser zwei Feuer machen; das eine nannte er das Juden-, das andere das Christenfeuer, und befahl dem getauften Juden, auszuwählen, in welchem von beiden er lieber verbrannt werden wollte. [...]. Darauf erwählte der erbärmliche Mann [...] das Judenfeuer, sprang als ein Jude hinein und ließ sich als Jude verbrennen."[131]

Luthers Sorge war offenkundig, dass seine Missionsabsichten eine Problematik verursachen könnten, welche bereits im Kontext der spanischen Marranen auftauchte, nämlich jene einer äußeren Konversion – möglicherweise um gesellschaftlich höhere Akzeptanz zu erwirken – bei gleichzeitiger innerer Verhaftung im ursprünglichen Glauben.[132] Das Traktat von 1523 ist letztlich die Entfaltung jener Ängste in Verbindung mit dem Wissen um die gescheiterten Missionsversuche der mittelalterlichen Kirche, welche ihn dazu ermutigten, eine veränderte missionarische Herangehensweise zu versuchen. Aber auch nach 1523 sind solche Ängste in anderen Kontexten nachweisbar. So schrieb Luther 1530, während seines Aufenthalts auf der Feste Coburg, einen Brief an einen Pfarrer mit genauen Anweisungen darüber, was dieser bei der anstehenden Taufe eines jüdischen Mädchens alles zu beachten hätte.[133] Besonderen Wert legt Luther in dem Schreiben darauf, dass der Täufling bereits vor der Taufe mit einem Westerhemd[134] bekleidet sein sollte.[135] Dass sich der viel beschäftigte Reformator die Zeit nahm, auf solche Kleinigkeiten des Rituals einzugehen, belege seine Sorge und gleichzeitige Sorgfaltspflicht um wahrhaftige jüdische Bekehrungen, also echte Glaubenstaufen.[136] So bittet er den Briefempfänger, ganz besonders darauf zu achten, dass das Mädchen den Glauben an Christus nicht heuchle.[137]

Dass es sich bei Luthers Umgang mit den Juden um eine in verschiedener Hinsicht neue Position handele, war bereits unter den Zeitgenossen eine Art Kon-

---

131 WA BR 3: 101,7-102,15, zitiert nach: Kaufmann: Juden, 65.
132 Vgl. Kaufmann: Juden, 64.
133 Vgl. Wetter: Missionsgedanke, 276.
134 gemeint ist ein Taufkleid.
135 Vgl. Wetter: Missionsgedanke, 276.
136 Vgl. Wetter: Missionsgedanke, 276.
137 Vgl. Wetter: Missionsgedanke, 276.

sens.[138] Auch zeigen Reaktionen derer, dass Luther mit seinem missionarischen Anspruch gegenüber den Juden nicht alleine dastand, wenn z.B. Jonas in seiner Vorrede zur lateinischen Übersetzung von Luthers Traktat behauptet, dass dieser (Luther) viel eindrücklicher als Verfasser vorheriger Literatur die Messianität Jesu bewiesen habe.[139] Die schnelle Ausbreitung des evangelischen Gedankens scheint bei Zeitgenossen gleichzeitig die Hoffnung auf einen Missionserfolg unter Juden begünstigt zu haben, so sehr, dass Zeitgenossen, wie Jonas selbst, auch dann noch an dieser Hoffnung festhielten, als Luther sich bereits von dieser verabschiedet habe.[140] Ob nun von Zeitgenossen positiv oder negativ bewertet, so war Luthers Traktat doch, im Verhältnis zu anderer zeitgenössischer Literatur, anders und wurde „als Umbruch und Initial für ‚Veränderungen' wahrgenommen."[141]

---

138 Vgl. Kaufmann: Judenschriften, 13.
139 Vgl. Kaufmann: Judenschriften, 15.
140 Vgl. Kaufmann: Judenschriften, 16.
141 Kaufmann: Judenschriften, 17.

4. Die „Missionsschrift" – Dass Jesus Christus ein geborener Jude sei

4.1. Entstehungskontext und Einordnung

Als Luther 1523 sein Traktat *Dass Jesus Christus ein geborener Jude sei* verfasste, tat er dies auf eine äußere Veranlassung hin. Im Januar erfuhr er davon, dass Erzherzog Ferdinand vor den Reichsständen zu Nürnberg öffentlich den Vorwurf geäußert habe, Luther habe behauptet, dass Christus Abrahams Same sei. Eine derartige Äußerung implizierte eine Infragestellung der jungfräulichen Geburt Jesu und letztendlich seiner göttlichen Natur.[142] Eine solche Behauptung konnte ihm folglich nur als Ketzerei ausgelegt werden.[143] Luther hatte bereits zuvor von solchen Anschuldigungen gehört, bisher jedoch keine Notwendigkeit gesehen auf solche Vorwürfe zu antworten.[144] Dies sollte er nun mit dieser Schrift nachholen. Es handelt sich um eine Schrift mit einem doppelten Sinn, welche gleichzeitig als Verteidigungs- und Missionsschrift wirkt.[145] Diese von Osten-Sacken formulierte Doppelwirkung der Schrift ist eindeutig, die Gewichtung der beiden Aspekte hingegen umstritten. Bezeichnet Maurer die Schrift als „christologische Studie über die menschliche Natur Jesu"[146], so betont Lewin, man habe den Charakter der Schrift, nämlich das Interesse Luthers an den Juden als *Bekehrungsobjekt*, lange verkannt.[147] Ehrlich schließt sich Lewin an und hebt Luthers hauptsächliches Interesse am Missionsgedanken hervor, wohingegen Brosseder der Schrift allenfalls missionarische Tendenzen zugesteht und sie vor allem als Verteidigungsschrift und christliche Reflexion verstanden wissen will.[148] Osten-Sacken steht wiederum Lewin näher, da ihm die „intendierte missionarische Wirkung in der neueren Literatur teilweise zu sehr heruntergespielt wird [...]."[149] Streng genommen erfülle die Schrift – so Wetter – sogar einen dreifachen Sinn, wenn sie nicht nur als Missionsschrift und Verteidigungs-

---

142 Vgl. Lewin: Stellung, 26.
143 Vgl. Osten-Sacken: Luther, 90.
144 Vgl. Lewin: Stellung, 26.
145 Vgl. Osten-Sacken: Luther, 90f.
146 Maurer: Zeit, 388f.
147 Vgl. Lewin: Stellung, 30.
148 Vgl. Ehrlich: Luther, 75; Vgl. Brosseder: Luther, 122.
149 Osten-Sacken: Luther, 91.

schrift, sondern auch als *Missionsinstruktion* gelesen wird, da sie indirekt auch Anweisungen vermittele, welche Argumente einer erfolgreichen Bekehrung zuträglich seien.[150]

Obgleich der ausschlaggebende Punkt für das Verfassen der Schrift wohl die von außen an ihn herangetragenen Vorwürfe der Ketzerei waren, so waren entscheidende Passagen wohl schon vorbereitet. So verweist Kaufmann auf Luthers Auslegung des Magnificat von 1521, wo so manche der 1523 getätigten Äußerungen wohl schon „im Horizont seiner Planungen lag."[151]

Auch in Hinblick auf seine Verbreitung, und somit als Grundlage einer breit angelegten Mission, war Luthers Traktat – anders als seine späten Judenschriften – ein publizistischer Erfolg. Allein 1523 wurden neun Auflagen gedruckt, die 1524 folgende, durch Justus Jonas umgesetzte lateinische Übersetzung, erschien in zweifacher Auflage.

4.2. Die missionarische Argumentation der Schrift – Teil 1

4.2.1. Freundlichkeit und Unterweisung durch die Schrift

Luther beginnt mit einer Erklärung, indem er darlegt, weshalb er diese Schrift überhaupt verfasse, wobei er explizit auf den durch Erzherzog Ferdinand (implizit) erhobenen Vorwurf eingeht, Luther habe behauptet, dass Maria keine Jungfrau gewesen ist. Offenkundig hält er nicht viel von solchen Vorwürfen, sondern hält sie, im Gegenteil, für so unangebracht und lächerlich, dass er Wert darauf legt „daneben auch etwas nutzlichs tzu schreyben"[152] damit er „nicht den leßern mit solchen faulen loßen tzotten die tzeyt vergeblich raube."[153]

Es schließt sich sein erster Hauptteil an, welcher ganz dem Herausstellen der Göttlichkeit Christi und der Jungfräulichkeit Marias – also diejenigen Aspekte, welche er angeblich verneint hätte – gewidmet ist, weshalb es nicht unzutreffend ist, diesen Teil der Schrift (nicht nur) als Verteidigungsschrift aufzufassen. Luthers Ausführungen beabsichtigen die gleichzeitige Herausstellung von Jesus als einem Juden und Sohn einer Jungfrau. Er nimmt somit Bezug auf die von außen an ihn herangetragenen Vorwürfe der Relativierung der Göttlichkeit Jesu unter gleichzeitiger Berücksichtigung dessen menschlicher Herkunft. An dieser Stelle

---

150 Vgl. Wetter: Missionsgedanke, 267.
151 Kaufmann: Judenschriften, 37.
152 WA 11: 314, 24.
153 WA 11: 314, 25.

formuliert er eine Aussage, welche den anfänglichen Charakter einer Verteidigungsschrift um den Aspekt der Judenmission erweitert: „[...] ob ich vielleicht auch der Juden ettliche mocht tzum Christen glauben reytzen."[154] Damit nimmt er indirekt Bezug auf seinen in der Einleitung formulierten Anspruch, er wolle neben der eigentlichen Verteidigung etwas Nützliches schreiben. Dass dieses Nützliche eben eine Hilfestellung zur Judenmission meint liegt nahe. Dazu passen auch die folgenden Aussagen, in welchen eher ein Angriffston als eine Verteidigung dominiert, wenn er die Papstkirche verbal angreift und dieser die Schuld am Versagen bei der Judenmission zuschreibt, was er – wie auch schon in früheren Aussagen – auf ein diskriminierendes Verhalten gegenüber den Juden zurückführt. So betont Luther, er wäre eher „eyn saw worden denn eyn Christen."[155], wäre man mit ihm so umgegangen wie die Christen mit den Juden. Denn die Kirche habe „mit den Juden gehandelt als weren es hunde und nicht menschen, [...]."[156] Kaufmann verweist in diesem Zusammenhang darauf, dass das Motiv der *Verstockung* der Juden in Luthers Traktat keine Rolle mehr spiele, sondern stattdessen die Schuld alleine im Fehlverhalten der Papstkirche ausgemacht werde.[157] Ob sich aus der Nichterwähnung der vermeintlichen Verstockung hingegen ein Verwerfen jenes theologischen Motivs ableiten lässt, ist meines Erachtens nach zumindest strittig, insbesondere dann, wenn es in späteren Schriften wieder an Dominanz gewinnt, so auch in Luthers Brief an Josel von Rosheim, auf welchen noch einzugehen ist.

Dass Judenmission kein unmögliches Unterfangen sei und nur von dem richtigen Umgang bzw. der richtigen Herangehensweise abhänge, verdeutlicht Luther mit einem Hinweis auf (ihm bekannte) Konversionen, welchen die Schrift wohl ihren vernehmbaren Enthusiasmus verdankt. So berichtet er, er habe „selbs gehort von frumen getaufften Juden, das, wenn sie nicht bey unser tzeyt das Euangelion gehort hetten, sie weren yhr leben lang Juden unter dem Christen mantel blieben."[158] Es ist wahrscheinlich, dass Luther hier auf die Bekehrung des Jakob Gipher (Bernhard) anspielt, zu welchem er während dieser Zeit brieflichen Kontakt unterhält, was auch Kaufmann als die wahrscheinlichste Erklärung an-

---

154 WA 11: 314, 27f.

155 WA 11: 315, 2.

156 WA 11: 315, 3f.

157 Vgl. Kaufmann: Judenschriften, 25.

158 WA 11: 315, 10-12.

führt.[159] Dafür spricht ebenfalls, dass Bernhard wohl der einzige Konvertit in Luthers Wirkungskreis war.[160] So äußert er diesem gegenüber 1523 noch voller Zuversicht die Hoffnung, dass sich *viele Juden* ernsthaft bekehren und dadurch vom Herzen zu Christus hingerissen würden.[161] Dies ist insofern bemerkenswert, als dass er in seiner Auslegung des Magnifikat von 1521 noch von *einzelnen Juden* sprach.[162] Dass Luther mal von einzelnen, mal von vielen und mal von etlichen Juden spricht, erschwert es einzuschätzen, ob Luther jemals eine eindeutige Haltung zum Umfang einer praktischen Judenmission hatte oder nicht vielmehr seine Erwartungen flexibel anpasste. Dass diese Frage nach Luthers Lebzeiten, in Folge einer praktischen Judenmission, im Kontext lutherischer Orthodoxie und des Pietismus erneut in den Fokus rückt, wird noch zur Sprache kommen.

Neben der eigentlichen Bekehrung von Juden erhoffte Luther sich womöglich auch, die Bekehrten selbst wiederum missionarisch instrumentalisieren zu können, sodass sie den neu angenommen christlichen Glauben in ihrem Umfeld verbreiteten.[163] So formulierte er Jahre später, 1535, in seiner dritten Predigt über Psalm 110, dass die Apostel[164] und „was aus dem Judischen volck ubrige Christen sind"[165] innerhalb der Heiden missionieren und „Christo ein volck versamlen"[166] mögen, wobei sie auf Gewalt verzichten und stattdessen „durch Göttliche krafft"[167] wirken sollen.

Luthers offenkundiges Anliegen ist demnach der Wunsch einer veränderten, auf der Predigt des Wortes basierenden Judenmission, wobei er wohl das Bild der Jesusjünger und Apostel vor Augen hatte, welche durch das Wort allein das Evangelium in die Welt brachten. So betont er auch in der Missionsschrift:

---

159 Vgl. Kaufmann: Juden, 67.
160 Vgl. Kaufmann: Juden, 67.
161 Vgl. Wetter: Missionsgedanke, 277f.
162 Vgl. Wetter: Missionsgedanke, 279.
163 Vgl. Wetter: Missionsgedanke, 279.
164 also die Christen.
165 WA 41: 160, 17f.
166 WA 41: 160, 18f.
167 WA 41: 160, 20.

> „[...] wenn man mit den Juden freuntlich handelt und aus der heyligen schrift sie seuberlich unterweyset, es sollten yhr viel rechte Christen werden [...]."[168]

Aus jener Aussage lassen sich zwei zentrale, vom Reformator gewünschte, Veränderungen ablesen: Freundlichkeit und Unterweisung durch die Schrift. Freundlichkeit ist derjenige Aspekt, welcher die ganze Schrift durchzieht, obgleich diese Feststellung in Hinblick auf Luthers gesamte Wirkungszeit nicht zu stark gewichtet werden sollte, da der alleinige Bezug auf diese Schrift nicht als Summe von Luthers Judenverständnis dienen kann.[169]

Luthers Betonung einer Unterweisung durch die Schrift tangiert meines Erachtens nach drei Punkte: einen theologischen, einen historischen sowie einen auf Tradition gemünzten. Zum ersten spiegelt sie die bereits erwähnte theologische Grundhaltung seiner Frühzeit wider, in welcher er immer wieder betont, dass Mission eine Aufgabe Gottes selbst sei. Dieser Haltung liege Luthers Auffassung „von seinem tiefen Wissen um die völlige Verlorenheit der Welt und ihrer Menschen vor Gott ohne Christus"[170] zugrunde. Gottes missionierende Tätigkeit manifestiere sich im Studium der Schrift, in welcher er sich durch sein Wort an die Menschen wende.[171] Wetter stellt an dieser Stelle die elementare Bedeutung dieser Verbindung von göttlichem Wirken und der Schrift heraus und betont, dass Luthers Stellung zur Schrift zur „ersten Voraussetzung seines missionstheologischen Denkens"[172] gehört.

Zum zweiten – und dies ist der historische Aspekt – hatte die mittelalterliche Amtskirche über Jahrhunderte hinweg keine größeren sichtbaren Erfolge bei der Judenmission erzielen können, wodurch das gesamte Konzept mittelalterlicher Judenmission in Hinblick auf dessen Zweckmäßigkeit in Frage gestellt werden musste. Ergo musste Luther das Prinzip der Zwangsmissionierung als ungeeignet erscheinen. Und in der Tat finden sich auch in anderen Schriften aus jener Zeit Hinweise darauf. So bezeichnet er 1523 in *Von weltlicher Oberheit, wie weit man ihr Gehorsam schuldig sei* den Glauben als „eyn frey werck [...],

---

168 WA 11: 315, 14-16.
169 Maurer hat darauf verwiesen, dass das Traktat von 1523 nur einige der für Luther maßgeblichen Grundsätze zusammenfasst und folglich nicht als systematische Darstellung von Luthers Haltung gegenüber den Juden dienen kann. (Vgl. Maurer: Zeit, 388).
170 Wetter: Missionsgedanke, 156.
171 Vgl. Wetter: Missionsgedanke, 267.
172 Wetter: Missionsgedanke, 156.

datzu man niemandt kan zwingen. Da es ist eyn gottlich werck ym geyst, [...].[173] Für Luther ist demnach der Aspekt der Freundlichkeit gekoppelt an einen freiwilligen Glauben, welchem Zwangsmaßnahmen per se widersprechen. Eine solche freiwillige Bekehrung kann aber eben nur durch Gottes missionarisches Wirken erzeugt werden, ist also ein freies Werk, welches in Folge einer säuberlichen Unterweisung durch die Schrift viele rechte Christen hervorrufen werde.

4.2.2. Die alttestamentlichen Propheten waren Christen

Luthers dritter Aspekt ist derjenige der Tradition. Wenn er betont, dass die Juden „widder tzu yhrer vetter, der Propheten unnd Patriarchen glauben tretten"[174] sollen, meint dies implizit, dass der momentan eingeschlagene Weg der Juden sie von ihren Vätern trennt. Es wurde bereits weiter oben konstatiert, dass Luther Juden als potentielle Christen erachtet. Im Kontext einer geforderten Rückbesinnung auf die Propheten geht seine Einschätzung jedoch darüber hinaus – für ihn *waren* die großen Propheten des Alten Testaments bereits Christen, hatten also bereits auf die von Luther so sehr betonte Messianität Jesu verwiesen:

> „Diß Euangelion haben nu die Veter von Adam an gepredigt und getrieben, da durch sie auch den tzu kunfftigen samen dißes weybs erkennet und an yhn gegleubt haben und [...] sind auch rechte Christen geweßen wie wyr, [...]."[175]

Dass Luther zu so einer Einschätzung kommt hängt in eminenter Art und Weise mit seinem christologischen Verständnis des Alten Testaments zusammen. Die Verkündigungen der alttestamentlichen Propheten und Patriarchen sind für ihn letztlich göttliche Verheißungen, welche sich in Christus erfüllt haben.[176] Die Juden hätten dies jedoch nicht erkannt, woraus Luther eine Ablehnung und Verwerfung durch Gott ableitet.[177] Dies impliziert sicherlich, dass eine Verwerfung durch Gott durch ein Bekenntnis hin zu den Vätern – und somit letztlich zu Christus – aufgehoben werden kann. Luther versucht an dieser Stelle, mithilfe der Autorität im Judentum geachteter Persönlichkeiten der biblischen Überlieferung seinen Argumenten Nachdruck zu verleihen.

---

173 WA 11: 264, 19-21.

174 WA 11: 315, 16f.

175 WA 11: 317, 23-26.

176 Die Bibel ist für Luther in ihrer Gesamtheit unmittelbares Wort göttlicher Offenbarung, welches immer und überall auf Christus bezogen werden muss. (Vgl. Mauer: Zeit, 400).

177 Vgl. Maurer: Zeit, 376.

4.2.3. Brüderlichkeit mit den Juden als Verantwortung der Christen

Was Luthers Schrift (augenscheinlich) anders erscheinen lässt ist, dass er das christliche Versagen bei der Judenmission beleuchtet. So hätten die Christen durch ihre feindselige Art gegenüber den Juden die Mission eher sabotiert als ihr geholfen. So folgert er, dass es eine christliche Pflicht sei, sich gegenüber den Juden brüderlich zu verhalten, da nur auf diesem Weg überhaupt Bekehrungen möglich seien, wobei er bis in die Zeit des Urchristentums zurückverweist.

Luther verweist zur Untermauerung seiner Forderung auf das Schicksal der ersten Heiden-Christen. So wären aus den Heiden niemals Christen geworden, hätten die Apostel, welche schließlich auch Juden waren, „mit uns Heiden [also den Christen] gehandelt, wie wir Heiden mit den Juden, [...]."[178] Daraus kann Luther die Forderung erheben, dies nun gegenüber den Juden positiv zu vergelten, sprich möglichst viele zu bekehren.

Obgleich Luther sich an dieser Stelle betont positiv für einen brüderlichen Umgang mit den Juden ausspricht, sollten seine Forderungen im Kontext seiner Theologie betrachtet werden, um nicht dem Bild eines gesellschaftsrevolutionären Luthers zuzuarbeiten. So betont Lewin, dass der eigentliche Wert des Traktats nicht in der Kritik an der päpstlichen Judenpolitik liege. Stattdessen gehe es um das Verhältnis zwischen Missionar und Bekehrungsobjekt.[179] In der Tat betont Luther dieses Verhältnis und seine Absichten gleich zu Beginn des Traktats selbst, wenn er auf die Bekehrung etlicher Juden verweist. Auch Maurer betont, dass Luther „mehr den kirchlichen als den sozialen Bereich im Auge"[180] gehabt habe, was jedoch der Forderung nach mehr Brüderlichkeit und einem besseren gesellschaftlichen Zusammenleben nicht zwingend widersprechen muss, insbesondere dann, wenn dies dem missionarischen Streben entgegenkommt. Dennoch widerspricht Luther der gängigen gesellschaftlichen Praxis nicht direkt. Er wusste, dass die Juden einen schweren Stand innerhalb der Gesellschaft hatten und u.a. aufgrund ihrer Nichtzulassung zu Zünften, welche sich als christliche Bruderschaften verstanden, benachteiligt waren.[181]

---

178 WA 11: 315, 19f.
179 Vgl. Lewin: Stellung, 30.
180 Maurer: Zeit, 390.
181 Vgl. Wetter: Missionsgedanke, 266.

In Hinblick auf den eigentlichen Bekehrungsprozess erwarte Gott keine besonderen Vorleistungen von den Juden, um Christen zu werden.[182] Es genüge die vom Herzen herrührende, ehrlich gemeinte Hinwendung zu Christus, wie Luther es bereits im weiter oben erwähnten Brief an Bernhard betont hatte. Es ist also letztlich dasjenige Moment, welches Martin Stöhr als die „befreiende Solidarität des Evangeliums"[183] bezeichnet, welches den Juden den Zugang zum Christentum eröffne und Luther dazu bringt, diese als Brüder zu sehen bzw. sehen zu wollen.

Ob Luthers Zurückhaltung, in Hinblick auf explizit geforderte gesellschaftliche Verbesserungen für die Juden, als Indiz für einen – häufig diskutierten – lutherischen Antisemitismus gelten kann, ist hier nicht eindeutig zu klären, da für eine solche Bewertung Luthers gesamte Wirkungszeit – insbesondere seine späten Schriften im Detail – berücksichtigt werden muss, was diese Arbeit nicht zum Ziel hat. Es sei jedoch angemerkt, dass die Bezeichnung der Juden als „blut freund, vettern und bruder unsers hern"[184] weniger den Eindruck eines Antisemiten erweckt, auch wenn dieser Eindruck auf die Frühzeit Luthers beschränkt ist. Luther betont hier sogar eine hervorgehobene Position der Juden, da diese Christus abstammungstechnisch näher stünden als die Christen. Auch betont er erneut die besondere Stellung der Juden als dem Volk der Schrift, wie er es bereits in seiner Vorlesung zum Römerbrief ausgeführt hatte. Ihnen seien „das gesetz und die Propheten befohlen"[185] worden. Doch eben jene Propheten verwiesen – wie bereits weiter oben angeführt – auf Christus, wodurch Luther die jüdische Geschichte erneut in Zusammenhang mit der Messianität Jesu rückt und sie somit für Missionszwecke zu instrumentalisieren versucht.

4.2.4. Die Jungfräulichkeit Marias als Beweis der Messianität Jesu

Des Weiteren sieht er seine Ausführungen in den Worten des Propheten Jesaja (Jes. 7) bestätigt, welcher ein göttliches Zeichen, nämlich die Geburt eines (besonderen) Sohnes durch eine Jungfrau, vorausgesagt habe.[186] Diese Verheißung glaubt Luther bis in die Anfänge der ersten Menschen zurückführen zu können, um darin Christus als den Höhepunkt der im Alten Testament beginnenden

---

182 Vgl. Stöhr: Luther, 95.
183 Stöhr: Luther, 95.
184 WA 11: 315, 27.
185 WA 11: 315, 34f.
186 Vgl. WA 11: 320, 21f.

Heilsgeschichte zu beweisen. So sei Christus bereits „bald nach Adams fall"[187] den Vätern verheißen worden. In Anlehnung an 1. Mose 3 thematisiert Luther die göttliche Prophezeiung, welche Feindschaft „tzwischenn dir [der Schlange] unnd dem weyb, tzwisschen deynem samen und yhrem samen"[188] verkündet. Der Same des Weibes, womit für Luther unzweifelhaft Christus gemeint ist, werde den Kopf der Schlange, welche „vom teuffel besessen geredet hat"[189], zertreten. Das Zertreten des Schlangenkopfes durch Christus steht symbolisch für den Kampf zwischen Teufel und Christus, aus welchem letzterer letztlich siegreich hervorgehen werde. Doch bis dahin seien „Adam und alle Adams kinder"[190], also alle Menschen, dem Teufel aufgrund ihrer Sünde unterworfen. Kein Mensch könne daher ohne Sünde sein, weshalb der Messias folglich mehr als ein (gewöhnlicher) Mensch sein müsse.

Luther will den Juden letztlich Christus als Menschen und Gott nahe bringen, doch sieht er sich eben hierin einer großen Herausforderung ausgesetzt, da eine derartige Darstellung dem jüdischen Glauben grundlegend widerspricht. Luthers Auslegung von 1. Mose 3,15 verlangt nach einer Darstellung, gemäß derer Christus „eyn weybs same"[191] und zugleich mehr als ein gewöhnlicher Mensch, nämlich eben „nicht eyns mannes [Same]"[192] ist. Durch den Verweis auf einen natürlichen Sohn, aber eine unnatürliche Geburt, vermag er die menschliche Natur Christi aufrechtzuerhalten, ohne ihn seiner göttlichen Natur zu berauben. So sei Christus dem Abraham verheißen als ein gesegneter Samen, in welchem alle Heiden gesegnet werden sollen.[193] Aber die Reinheit des Messias stehe im Widerspruch zur Sündhaftigkeit des Menschen, weshalb Maria eine besondere Stellung zukomme, als „eyn jungffraw und doch eyn recht naturlich mutter"[194], welche jedoch nicht auf natürlichem Wege schwanger geworden sei, sondern durch „gottis krafft alleyne"[195].

---

187 WA 11: 316, 5.
188 WA 11: 316, 6f.
189 WA 11: 316, 9.
190 WA 11: 316, 24.
191 WA 11: 316, 36.
192 WA 11: 316, 36.
193 Vgl. WA 11: 317, 30-33.
194 WA 11: 318, 26.
195 WA 11: 318, 27f.

Luther investiert offensichtlich viel Zeit in den Nachweis der Jungfräulichkeit Marias. Es geht ihm dabei allerdings weniger um die Besonderheit der Geburt als solche, als um die heilsgeschichtliche Notwendigkeit dieser, nämlich die Erfüllung der göttlichen Prophezeiung, welche „lebendiges wort gottis"[196] sei. Sein Erklärungsversuch ist dem Versuch geschuldet, Jesus als gesegneten Samen zu offenbaren, welchem jedoch das Verfluchtsein der Menschheit als solches widerspricht. Darin liege die Besonderheit des Messias, welcher gleichzeitig Mensch aber gesegnet sei und somit diesen Widerspruch aufhebe, was wiederum durch seine unnatürliche Geburt nach außen hin für alle (sichtbar) bekundet werde.

Einwände von jüdischer Seite, dass Jesaja nicht von der Besonderheit einer Geburt berichte, sondern lediglich verdeutlichen wolle, dass es sich bei dem Kind um einen Jungen handeln werde, weisst Luther zurück, „Denn damit were an der jungfrawen keyn tzeychen [getan], sondern an dem propheten Isaias, als der es so eben erradten hette, das ein tochter seyn sollte."[197] Es gehe in dieser Prophezeiung nämlich nicht um das Kind, sondern um die Geburt als solche. Er ist bemüht, einem solchen Verständnis, welches das Geschlecht des Kindes in den Vordergrund rückt, entgegenzuwirken. Er weiß, mit dem Erweis der Messianität Jesu aus dessen besonderer Geburt steht oder fällt seine christologische Argumentation und somit sein Missionsvorhaben. Es geht um den Kern seiner missionarischen Botschaft an die Juden. Luther zieht im Anschluss ein Fazit für den ersten Hauptteil seiner Schrift und gibt denjenigen, welche immer noch zweifeln, die Botschaft mit auf den Weg, dass niemand daran zweifeln solle, dass es Gott möglich sei, eine Jungfrau schwanger werden zu lassen, habe er doch auch die Welt aus dem Nichts entstehen lassen.[198] Dass Luther diese Bemerkung für nötig hält zeigt bereits, dass er von jüdischer Seite wohl Widerstand gegen (zumindest) seine Auslegung von Jesaja 7 erwartete.

4.3. Zwischenfazit

Hat Luther im Ersten Hauptteil den Fokus auf den Erweis der ungewöhnlichen Geburt Jesu bzw. die Jungfräulichkeit Marias gelegt, so dienen die folgenden Ausführungen vor allem der Behandlung kritischer Textstellen, welche von Christen und Juden, aufgrund divergierender Auslegungstraditionen, unter-

---

196 WA 11: 318, 34.
197 WA 11: 320, 31-33.
198 Vgl. WA 11: 325, 11-13.

schiedlich verstanden werden. Obgleich nur von sekundärem Interesse, so hat Luther im Rahmen seines ersten Hauptteils der ihm aufgenötigten Verteidigung entsprochen. Die Herausstellung der Messianität Jesu und der praktische Umgang mit den Juden hingegen ist es, was Luther als das Sinnvolle an seinen Ausführungen versteht. Die Ausführungen des ersten Hauptteils sind dennoch als fester Bestandteil einer missionarischen Zielsetzung zu verstehen, da ihre thematische Entfaltung bei weitem über eine einfache Verteidigung hinausgeht.[199] Dies wird insbesondere dann offensichtlich, wenn man sich verdeutlicht, an wen seine Verteidigung gerichtet ist. Von Luthers christlichen Anklägern wird die Jungfräulichkeit Marias wohl kaum in Frage gestellt worden sein, weshalb die umfassenden Ausführungen Luthers befremdlich wirken und nur im Kontext einer Missionsabsicht Sinn ergeben und dahingehend interpretiert werden sollten.

4.4. Die missionarische Argumentation der Schrift – Teil 2

4.4.1. Der Messias ist bereits gekommen

Dass Luther die nun folgenden Ausführungen als den Kern, als das eigentlich Nützliche an seinem Traktat auffasst, stellt er den Ausführungen gleich voran wenn er betont, „das wyr nicht alleyn den unnutzen lugenern antwortten, […], sondern auch gerne den Juden dienen wollten, […]."[200] Seine Formulierung erweckt den Eindruck, als seien seine vorherigen Ausführungen allein dem Aspekt der Verteidigung geschuldet, doch ist deren missionarischer Charakter ersichtlich, da er „thematisch dem Gewinn etlicher Juden"[201] geschuldet ist. Schuldig bleibt Luther hingegen nach wie vor eine Stellungnahme, ob seine Schrift primär als Missionsschrift an jüdische Leser oder als Missionsinstruktion an christliche Leser gerichtet ist.

Die folgenden Ausführungen dienen – wie bereits angedeutet – vor allem der Behandlung kritischer Textstellen, welche von Christen und Juden unterschiedlich verstanden werden. Doch auch sie haben den Anspruch, die Messianität Jesu weiter zu stärken. So stellt Luther in Anlehnung an 1. Mose 49,10 fest: „[…],Es soll das scepter nicht von Juda gewandt werden noch eyn lerer von denen zu seynen fussen, biß das kome der Silo und dem selben werden die volcker

---

199 Vgl. Osten-Sacken: Luther, 91.
200 WA 11: 325, 16-18.
201 Osten-Sacken: Luther, 91.

anhangen."²⁰² Mit dem Eintreffen des Silo²⁰³ werde den Juden die Herrschaft genommen. So hält er den Juden vor, dass sie nicht leugnen könnten, dass es eine jüdische Herrschaft in Form eines Königtums bereits über 1500 Jahre nicht mehr gegeben hätte, die Juden also „funfftzehen hundert jar keyn scepter [...] gehabt haben."²⁰⁴

Mit Verweis auf 1.Mose 49,10 ist für Luther klar ersichtlich, dass der Messias *vor* dem Ende der jüdischen Herrschaft, also folglich vor der Zerstörung Jerusalems gekommen sein muss. Offenkundig ist ihm aber bewusst, dass es von jüdischer Seite eine andere Deutung, eine andere Auslegungstradition diese Textstelle betreffend gibt. So behaupteten die Juden, dass das Zepter ihnen auch während des Babylonischen Exils genommen worden, also ihre Herrschaft bereits geendet sei.²⁰⁵ Luther verneint den vermeintlichen Abbruch jüdischer Herrschaft während des Babylonischen Exils, indem er auf den königlichen Stamm Jechonia mit seinen Königen und Fürsten verweist, welcher durchgehend bis in die Zeit der beginnenden Herrschaft des Herodes bestehen geblieben sei.²⁰⁶ Eine jüdische Herrschaft – in welcher Form auch immer – muss bis in die Zeit des Herodes anhalten, da sonst die Datierung der messianischen Prophezeiung auf die Lebenszeit Jesu in Frage gestellt werden könnte.

Für Luther ist der Abbruch jüdischer Herrschaft nur ein Schritt innerhalb seiner Argumentationslinie. Mit dem Ende einer jüdischen Herrschaft beginne eine neue Herrschaft, welche jedoch – anders als jede andere zuvor – ewig sein soll, da „dem David ist auch verheyssen, das seyn stuel [also Herrschaft] solle ewig weren."²⁰⁷ Diese Zusage an David interpretiert Luther auf Christus, da dieser, gemäß seiner menschlichen Abstammung, dem Haus Davids entstamme. Jesus sei der Samen, welcher „von deynem [Davids] leybe [also Nachkommenschaft] wirt komen, [...]."²⁰⁸ Mit Christus beginne eine Herrschaft, welche alle zuvor da gewesenen übertreffe und diese bleibe bis in alle Ewigkeit bestehen.²⁰⁹ Eine

---

202 WA 11: 325, 27-29.
203 Luther setzt dies mit Messias gleich.
204 WA 11: 325, 35.
205 Vgl. WA 11: 326, 3-6.
206 Vgl. WA 11: 326, 6-9.
207 WA 11: 326, 28.
208 WA 11: 320, 10.
209 Vgl. WA 11: 326, 34f.

ewige Herrschaft könne jedoch qua natura keine menschliche sein, so argumentiert Luther sinngemäß, wenn er in Anlehnung an Jesu Tod am Kreuz dessen Unsterblichkeit thematisiert. So könne Christus, wenn er ewig regieren soll, folgerichtig kein sterblicher Mensch sein, sondern müsse ein unsterblicher Mensch sein.[210]

Auch in Hinblick auf den territorialen Umfang gebe es nichts Vergleichbares zum Reich Christi. So seien die Herrschaften des David und des Salomo zwar von enormer Größe gewesen, jedoch nie über die Grenzen des Syrienlands hinausgekommen. Jesus dagegen sei „durch die gantze wellt fur eyn herren und konig angenomen,[…], da Gott zu Messia spricht ‚Ich will dyr die heyden tzum besitz geben und deyn erbteyl, so weyt die wellt ist'."[211] Zusammenfassend wird Christus in Luthers Darstellung zum universellen Herrscher, welcher nicht nur das bis dato größte, sondern auch ein zeitlich unbegrenztes, für die Ewigkeit begründetes Reich erschaffen werde, was auch den Juden, aus den Prophezeiungen ihrer Vorväter, ersichtlich sein müsse.

4.4.2. In Daniel 9 wird auf Christus hingewiesen

Einen weiteren Beleg für die Messianität Jesu sieht Luther in Daniel 9 gegeben, welcher dort

> „auffs aller klerlichst von Christo redet und spricht ‚Es sind siebentzig wochen uber deyn volck und uber deyne heylige stad bestympt, […]. So merke nu und vernyms: von dem an, wenn die rede aus gehet, daß Jerusalem soll widder gebawet werden, sind sieben wochen und tzwo und sechzig Wochen biß an den fursten Messiah, szo wirt die gassen und maur widder gebawet werden ynn engstlicher tzeyt."[212]

Für Luther ist – im Gegensatz zur jüdischen Auslegungstradition – der Hinweis auf Christus klar und deutlich zu vernehmen. So ist er überzeugt, dass mit dem wieder gebauten Jerusalem die Zeit des Wiederaufbaus unter Nehemia gemeint sei und der Text auf die erneute Vernichtung zur Zeit des Titus (70. n .Chr.) abziele. So ist seiner Ansicht nach die von jüdischer Seite formulierte Identifizierung des *fursten Messiah* mit dem persischen Großkönig Kyros II. unhaltbar, da sich mit dem Messias die im Alten Testament thematisierten göttlichen Prophe-

---

210 Vgl. WA 11: 328, 14f.
211 WA 11: 330, 31-34.
212 WA 11: 331, 24-32.

zeiungen erfüllen müssten, womit er auf die Erwartung einer ewigen Gerechtigkeit verweist. So richtet er in rhetorischer Schärfe gegen die jüdischen Einwände, ob denn eine solche mit dem Erscheinen des Kyros eingetroffen sei.[213] Auch hält Luther die Datierung des bei Daniel angekündigten Messias auf die Regierungszeit des Kyros für unzutreffend. In der Tat scheidet eine Verbindung zwischen Kyros und dem zweiten Jerusalemer Tempel aus, wird doch der Wiederaufbau durch Nehemia auf das 5. Jahrhundert v. Chr. datiert, wohingegen Kyros im 6. Jahrhundert. v. Chr. herrschte.[214]

Luther ist sich offenkundig darüber bewusst, dass die Datierungen des Buches Daniel nicht jedem vertraut und daher seine Ausführungen nicht jedem verständlich sind. Das richtige Verständnis der Datierung ist hingegen Bestandteil des Erweises von Christus als Messias. So solle der wahre Messias, in Anlehnung an die Worte Gabriels in Daniel 9,24, erst „sieben Jahrwochen und 62 Jahrwochen"[215] nach dem neu erbauten Jerusalem ausgerottet werden, woraus Luther 490 Jahre errechnet. Alles passe zusammen und weise unausweichlich auf Christus hin.[216] Freilich müsse auch dies den Juden ersichtlich sein, wenn sie sich nicht immer in Ausflüchte begäben.

4.4.3. Christus als leiblicher Tempel

Des Weiteren führt Luther Haggai 2 an, wo von einem wiedererbauten Tempel die Rede ist, dessen Herrlichkeit alles zuvor Dagewesene übertreffe.[217] Wetter vermutet, dass Luther an dieser Stelle einen Bezug zur johanneischen Darstellung von Christus als leiblichen Tempel (Joh. 2,21) herstellen und an den weltweiten Bau der Gemeinde Jesu, welche sich aus lebendigen Steinen zum geistlichen Hause und zur heiligen Priesterschaft erbaut (1.Petr. 2,5), erinnern will, zu welcher Israel berufen war und auch weiterhin berufen bleibt.[218]

Auch Sacharja 8,23 hält Luther für ein klares Indiz für die Messianität Jesu. Dort wird von 10 Menschen aus dem Umfeld der Heiden-Sprachen gesprochen,

---

213 Vgl. WA 11: 332, 31-32.

214 Kyros II. regierte von ca. 559 v.Chr. bis 530 v.Chr. Jeremia kam erst 445 v.Chr. als persischer Wiederaufbaukommissar nach Jerusalem. (Vgl. Hieke: Nehemia).

215 Eine Jahrwoche sind sieben Jahre. Solche Periodisierungen finden sich nicht nur im Buch Daniel, sondern auch in anderen apokalyptischen Texten. (Vgl. Rösel: Jahrwoche).

216 Vgl. WA 11: 335, 31-33.

217 Vgl. WA 11: 336, 6-8.

218 Vgl. Wetter: Missionsgedanke, 275.

welche eines jüdischen Mannes Saum ergreifen, also sich diesem anschließen, da sie bemerkten, dass „[...] der herr mit euch sey' [...]."[219] Luther selbst bekundet, dass ihm die Zeit fehle die Textstelle ausgiebiger auszulegen. Dass er sie überhaupt erwähnt zeige jedoch, dass er sie für die Bekehrung als wichtig erachte.[220]

4.4.4. Mission in Einzelschritten – keine Überforderung der Juden

Obgleich sich Luther der Überzeugungskraft seiner Ausführungen sicher war, so war ihm doch bewusst, dass eine Überfrachtung der Juden mit (theologischen) Inhalten und Argumenten seinen Missionsbestrebungen eher kontraproduktiv als hilfreich sein würde.[221] So argumentiert er pädagogisch, wenn er konstatiert: „Aber es ist tzum anfang tzu hart, laß sie tzuvor milch saugen und auffs erst dißen menschen Jhesum fur den rechten Messiah erkennen."[222] Einer Herausstellung der Göttlichkeit Jesu muss zunächst die jüdische Akzeptanz des Juden Jesus als Messias vorausgehen (Milch saugen). Wetter bemerkt, dass Luther bei seiner Herausstellung der menschlichen Taten Jesu womöglich an die Propheten dachte und dass Jesus, wie selbige, von Gott beauftragt wurde, in seinem Auftrag zu handeln.[223] Erst wenn dies akzeptiert sei „sollen sie weyn trincken und auch lernen, wie er warhafftiger Gott sey."[224] Die pädagogisch-inhaltliche Abfolge wäre dann sinngemäß: Jesus als Prophet – Jesus als Messias – Jesus als Gott. Dies darf jedoch nicht den Eindruck erwecken, dass Luther mit weniger Nachdruck auf die Göttlichkeit Jesu bestanden hätte. Diese war für ihn Tatbestand, einen „theologischen Liberalismus"[225] konnte es mit ihm nicht geben.

An einem pädagogischen Vorgehen hält Luther auch nach 1523 zunächst weiter fest. So leitet er ein Jahr später in einer Predigt seine Zuhörer dazu an, Juden, welche der christlichen Botschaft nicht vollkommen ablehnend gegenüber stehen, mit *Geduld* zur vollen Erkenntnis des Heils in Christus zu führen.[226] Wie diese von Geduld gekennzeichnete Hinführung zum christlichen Glauben, in

---

219 WA 11: 336, 11.
220 Vgl. Wetter: Missionsgedanke, 275.
221 Vgl. Wetter: Missionsgedanke, 269.
222 WA 11: 336, 16-18.
223 Vgl. Wetter: Missionsgedanke, 270.
224 WA 11: 336, 18f.
225 Stöhr: Luther, 97.
226 Vgl. Wetter: Missionsgedanke, 270.

Form einer praktischen Missionsarbeit, aussehen könnte bleibt Luther allerdings schuldig.

An seine christlichen Leser richtet er zum Abschluss seines Traktats erneut die Bitte, dass man „seuberlich mit yhn [den Juden] umbgieng und aus der schrifft sie unterrichtet, [...]."[227], denn nur dann würden „[...] ettliche herbey komen."[228] Auch hier wartet man vergebens auf eine Entfaltung eines praktischen Konzepts. Weder formuliert er Vorschläge, wie die von ihm proklamierte Schriftunterweisung unternommen werden soll, noch legt er dar, was genau unter einem säuberlichen Umgang zu verstehen sei. Er bekräftigt lediglich erneut seine Forderung nach einem christlichen, in Nächstenliebe begründetem Umgang mit den Juden, denn „Will man yhn helffen, so muß man nicht des Papsts, sonder Christlicher liebe gesetz an yhn uben und sie freuntlich annehmen, [...]."[229] Es handelt sich im Grunde um den zu Beginn dieser Ausführungen angesprochenen Aspekt der Freundlichkeit, welcher sich durch die gesamte Schrift hindurchzieht und, in Verbindung mit einem pädagogischen Vorgehen und stichhaltigen, freilich christologisch interpretierten Schriftargumenten, eben diese von Luther angestrebte Judenmission von derjenigen der Papstkirche unterscheiden soll.

Luther schließt seine Ausführungen mit einer Hoffnung: „Hie will ichs dis mall lassen bleyben, bis ich sehe, was ich gewirckt habe."[230] Kaufmann sieht in jener letzten Aussage ein Indiz dafür, dass die von Luther formulierten Forderungen und Ausführungen von 1523 von Beginn an nicht als einzige vorstellbare Umgangsweise mit den Juden in Betracht gezogen wurden, es sich also um Forderungen interimistischer Art handele, deren Richtigkeit sich noch erweisen müsse.[231]

4.5. Zwischenfazit

Luther schlug mit seinem Aufruf zum christlichen Umgang mit den Juden ein neues Kapitel der Judenmission auf. Seine Forderungen waren historisch, theologisch sowie pädagogisch begründet. Die Konzeption mittelalterlicher Juden-

---

227 WA 11: 336, 22f.

228 WA 11: 336, 23f.

229 WA 11: 336, 30f.

230 WA 11: 336, 35.

231 Vgl. Kaufmann: Judenschriften, 19.

mission mit ihren Zwangspredigten und Religionsgesprächen hatte es offenkundig nicht vermocht, vernehmbare Anzahlen an Konversionen zu bewirken, weshalb für Luther dieses Konzept als gescheitert gelten musste. Auf theologischer Seite war Luthers Konzept der Frühzeit eines, welches Gott allein die Missionierung zusprach. Ob – wie Lewin andeutet – Luther sich spätestens 1523 von dieser allein durch Gott bewirkten Mission entfernt hat ist streitbar. So hat Luther meines Erachtens nach weniger seine theologischen Ansichten verraten, als vielmehr die Notwendigkeit struktureller Veränderungen erkannt, welche Missionsarbeit zumindest begünstigen sollten. Letztendlich bleibt aber durch den Fokus auf die Mission durch das biblische Wort der Fokus auf Gott als Missionar bestehen.

Pädagogischer Art sind Luthers Entscheidungen insofern, als dass er seine Missionsarbeit schrittweise umzusetzen versucht. So erkennt er für sich die Notwendigkeit, den Juden Jesus zunächst als Menschen bzw. menschlichen Messias nahezubringen. Erst in Folge war für ihn ein Vermitteln der göttlichen Natur Jesu gegenüber den Juden überhaupt denkbar.

Trotz ernsthafter Bemühungen blieben die sichtbaren Erfolge seiner Missionsarbeit über die Jahre hinweg aus und spiegeln den innerhalb des Traktats vernehmbaren Enthusiasmus nicht im Entferntesten wider. In Anbetracht der Aussagen Luthers über die Juden aus den 1540er Jahren ist man geneigt, diese in den zunehmenden und anhaltenden Rückschlägen seiner Missionsbestrebungen sehen zu wollen. So werden diese bei Luther nicht nur die Infragestellung seiner eigenen Methode bewirkt haben, sondern letztlich auch die Frage, ob Gott dieses verstockte Volk nicht schon längst verworfen habe.

In Hinblick auf die inhaltliche Breite seiner Ausführungen bleibt Luther ganz im Kontext christologischer Schriftauslegung, indem er fast ausschließlich die Messianität Jesu beleuchtet. Andere Argumente stehen dagegen, im Vergleich zu früheren Schriften, deutlich zurück.

5. Judenmission nach 1523 – Ein Ausblick

5.1. Missionarische Akzente in Luthers Brief an Josel von Rosheim

Luther verblieb 1523 in seiner Missionsschrift mit der Hoffnung auf baldige Bekehrungen *etlicher* Juden. Die erwarteten Ergebnisse stellten sich jedoch nicht ein und Luther sah sich zunehmender Kritik (und Zweifeln) ausgesetzt. So wurde ihm von altgläubiger Seite vorgeworfen, seine gegenüber den Juden artikulierte Freundlichkeit habe eher die Christusfeindschaft der Juden bestärkt als sie zu diesem hin zu bekehren.[232] Bedenkt man die Anstrengungen, welche der Reformator für seine Missionsabsichten unternommen hatte, so werden die ausbleibenden Bekehrungen bei ihm zumindest Verbitterung ausgelöst haben, vielleicht sogar sein gesamtes Vorgehen rückblickend in Frage gestellt haben.

Neben Bemühungen um einen verbesserten Umgang mit den Juden von Seiten christlicher Wortführer entstanden auch innerhalb des Judentums politisch motivierte Gruppierungen, welche bereit waren, ihre politisch-gesellschaftlichen Rechte zu retten. Zu diesem Zweck rekrutierten Juden aus ihrer Mitte Fürsprecher, die sogenannten Schtadlanim, welche die Interessen der deutschen Juden vor Kaiser und Reich zu verteidigen ersuchten.[233] Herausragend unter diesen war Josel von Rosheim, welcher, zunächst nur als Vertreter einzelner Gemeinden agierend, bald zum Führer der gesamten jüdischen Bevölkerung im Reich wurde.[234] Offensichtlich hielt er mit den bekannten Persönlichkeiten seiner Zeit Kontakt, so auch mit Martin Luther.

Der Brief Josels an Luther fällt genau in jene Zeit, als das Scheitern lutherischer Missionsabsichten offensichtlich wurde. In seinem Schreiben bittet Josel, welcher sich in Anbetracht von Luthers Äußerungen von 1523 in diesem einen Fürsprecher in seinen Verhandlungen mit Kurfürst Johann Friedrich von Sachsen erhoffte, diesen, zwischen den Parteien zu vermitteln. Der Kurfürst von Sachsen hatte 1536 ein Ausweisungsedikt für alle Juden in Sachsen erlassen, welchem

---

232 Vgl. Kaufmann: Judenschriften, 83.
233 Vgl. Dubnow: Weltgeschichte, 360.
234 Vgl. Dubnow: Weltgeschichte, 360.

Josel entgegenzuwirken beabsichtigte. Dafür versprach er sich Hilfe von Luther, welcher seinen Einfluss beim Kurfürsten geltend machen sollte.[235]

Luther eröffnet seinen Brief mit einem kurzen Gruß an Josel und bezeichnet diesen als *Freund*. Er betont, er hätte gerne „gegen meinem gnädigsten Herren für Euch handeln"[236] wollen. Dass er dies jedoch zu diesem Zeitpunkt nicht mehr beabsichtigt hängt mit Luthers Enttäuschung über den Misserfolg seiner Missionsschrift zusammen. Er äußert sich enttäuscht von den Juden, welche „meines Diensts so schändlich mißbrauchen [...]."[237] Dadurch hätten diese jegliche Unterstützung seinerseits verspielt, die „ich [Luther] sonst hätte bei Fürsten und Herrn können tun."[238] Mit ‚schändlich missbrauchen' spielt Luther vermutlich auf kleinere jüdische Missionsbewegungen in Mähren an, welche wohl Erfolg dabei hatten, Christen zum Judentum bzw. einzelnen jüdischen Praktiken zu bekehren.[239] So äußerte Luther bereits in einer Tischrede, welche in die Zeit der Beantwortung des Briefes von Josel fällt, dass er den Juden seine weitere Hilfe verweigern werde, denn „Die jüdischen ‚buben' zu dulden führe dazu, daß ‚die leut' in materieller und körperlicher Hinsicht [re et corpore] ‚beschedig[t]' würden und die Juden viele Christen durch ihre abergläubischen Praktiken vom Glauben abtrünnig machten."[240] Im Brief an Josel spielt diese Entwicklung jedoch nur eine unterschwellige Rolle, eine ausführliche Auseinandersetzung erfolgt erst im darauffolgenden Jahr in *Wider die Sabbather an einen guten Freund*.

Trotz dieser ‚Verweigerungshaltung' betont Luther, dass er nach wie vor die Absicht aufrecht erhalten wolle, Missionsanstrengungen unter Juden zu unternehmen, indem er Gott „wollt gnädiglich anflehen und [die Juden] zu ihrem Messia bringen, [...]."[241] Doch bisher hätten sie seine Gunst nur dafür verwendet „in ihrem Irrtumb gehärt und ärger [zu] werden."[242] Vernehmbar ist erneut der

---

235 War Luther 1533 noch für die Duldung der Juden, so unterstütze er bereits 1536 ihre Austreibung und rechtfertigte dies mit ihrer Unbußfertigkeit und dem angeblich praktizierten Wucher. (Vgl. Maurer: Zeit, 397).
236 WA BR 8: 89, 2f.
237 WA BR 8: 89, 5.
238 WA BR 8: 89, 7f.
239 Vgl. Ehrlich: Luther, 79.
240 Kaufmann: Judenschriften, 83f.
241 WA BR 8: 89, 10f.
242 WA BR 8: 90, 12f.

Verlass auf Gott und dessen Fähigkeit, die in ihrem Irrtum gehärteten Juden vielleicht doch noch zu Christus bekehren zu können.

An manchen Stellen liest sich der Brief wie ein letzter verzweifelter Versuch, die Juden doch noch mit Argumenten bekehren zu können, wenn Luther schreibt:

> „[...], daß Euch Gott wollte dermaleins aus dem Elende, nu aber funfzehen hundert Jahr lang gewähret, helfen, welches nicht geschehen wird, [außer] Ihr nehmet denn Euern Vettern und Herrn, den lieben gekreuzigten Jesum, mit uns Heiden an."[243]

Wenn Luther hier auf die Prophezeiung des Propheten Daniel eingeht, so greift er zurück auf diejenigen Ausführungen, welche er 1523 in *Dass Jesus Christus ein geborener Jude sei* zum Zwecke der Mission angeführt hatte. So betont er erneut, dass der Messias bereits gekommen sei „denn die Zeit, von Daniel bestimmt, ist langst aus; [...]."[244] Zuletzt verweist er nochmals auf seine Ausführungen zu Beginn des Briefs und dass er dies zu „Euer [der Juden] Vermahnung"[245] schreibe.

Der Brief an Josel zeugt davon, dass Luther auch 1537 – trotz der Rückschläge der 1520er Jahre – an der Absicht, eine Judenmission umsetzen zu wollen, festhielt. Dass seine Rückschläge nicht spurlos an ihm vorbeigingen lässt sich seinen Formulierungen entnehmen. So fühlt er sich von den Juden getäuscht. Diese hätten sein Entgegenkommen ausgenutzt und sich eher noch weiter vom Christentum entfernt als sich ihm anzunähern:

> „Denn ich umb des gekreuzigten Jüdens willen, den mir niemand nehmen soll, Euch Jüden allen gerne das Beste tun wollte, ausgenommen, daß Ihr meiner Gunst zu Euer Verstockung brauchen sollt."[246]

Es taucht das Motiv einer jüdischen Verstockung auf, welches zwar 1523 innerhalb der Missionsschrift nicht klar formuliert wurde, aber – wie jetzt ersichtlich – die Zeit überdauert hat. Der Verweis auf Daniel und die Wiederholung von Schriftbeweisen für die Messianität Jesu lesen sich wie ein letzter Versuch,

---

243 WA BR 8: 90, 30-33.
244 WA BR 8: 90, 52f.
245 WA BR 8: 91, 56f.
246 WA BR 8: 91, 57-59.

durch die Schrift allein Bekehrungen zu bewirken. Möglicherweise erhoffte sich Luther auch eine Bekehrung von Josel und einen Ausstrahlungseffekt derselben auf andere Juden, so wie er es bereits – wie weiter oben erwähnt – 1535 formuliert hatte. Verglichen mit 1523 sind allerdings keine neuen Argumente missionarischer Natur feststellbar. Vielmehr versucht Luther in kurzen Ausführungen an diejenigen von 1523 anzuknüpfen.

5.2. Missionarische Akzente in Luthers späten „Judenschriften"

Luther verfasste seit 1538 weitere Judenschriften. Obgleich der Inhalt weiterhin die Auseinandersetzung mit den Juden war, kann von einer Missionsschrift nicht länger die Rede sein. Zwar greift Luther einzelne Argumente auf, welche auch 1523 zur Sprache kamen, interpretiert diese aber nicht mehr unter dem Aspekt der Überzeugung des Gegenübers, sondern als Hinweise auf die Verwerfung des jüdischen Volkes durch Gott. So greift Luther in *Wider die Sabbather an einen guten Freund* erneut das 1500 Jahre andauernde Elend der Juden auf. Aus Luthers Worten spricht die Enttäuschung, dass die Juden in all dieser Zeit nicht „zur erkentnis"[247] gebracht worden seien. So sieht er sich mit seinen eigenen Bemühungen von 1523 konfrontiert, welche ebenfalls nicht zum gewünschten Ergebnis einer weitreichenden Hinwendung zum Christentum innerhalb der Juden geführt hatten. Glaubte er in seiner Frühzeit noch fest, er könne den Juden anhand ihrer weltlichen Unterdrückung die Notwendigkeit einer Bekehrung hin zu Christus eröffnen, so erklärt er 1538 alle menschlichen Bemühungen, die Juden doch noch zum Christentum zu bekehren, als unnütz, weshalb man nun „mit gutem gewissen an jnen verzweiveln"[248] dürfe.

Auch wenn vormals missionarisch instrumentalisierte Argumente in Luthers späten Judenschriften noch eine Rolle gespielt haben mögen, so ist von der ehemals auf Freundlichkeit und Unterweisung proklamierten Judenmission der 1520er Jahre nicht viel übrig geblieben. Keine der vier Judenschriften zwischen 1538 und 1543 war von wirklich missionarischer Natur, es handelt sich vielmehr „durchweg um Texte, die sich an christliche, reformatorisch gesinnte Leser wenden und vor jüdischer ‚Proselytenmacherei' und vor den Juden als gefährlicher ‚Teufelsbrut' warnen."[249] Dies schließt jedoch nicht aus, dass sich vereinzelt missionarisch anmutende Aussagen finden lassen, so auch in Luthers Schrift

---

247 WA 50: 336, 3.
248 WA 50: 336, 4.
249 Kaufmann: Judenschriften, 83.

Von den Juden und ihren Lügen, wo er nach wie vor seinen Willen bekundet, an einer Judenmission festhalten zu wollen, allerdings jetzt mit Hilfe „eine[r] scharffe[n] barmhertzigkeit [...]."[250]

5.3. Relevanz von Luthers Missionskonzept für die Nachwelt

Bemühungen um die praktische Umsetzung einer funktionierenden Judenmission reichen zurück bis in das späte 16. und beginnende 17. Jahrhundert. Dabei gingen die Meinungen in Hinblick auf Luthers Haltung gegenüber den Juden und seine Konzeption einer Judenmission auseinander. So trat im Kontext lutherisch-orthodoxer Theologie Johann Gerhard in Jena dafür ein, Juden zwangsweise zu der Teilnahme an lutherischen Gemeindegottesdiensten zu verpflichten.[251] Man sollte sie dazu anhalten, deutsche Bibeln zu lesen, da der hebräische Text von den Rabbinern verfälscht worden sei.[252] Dies erinnert an die von Luther postulierte Mission durch das göttliche Wort in Form einer Vermittlung durch die Schrift, welche nun eine praktische Ausgestaltung erhält. Gleichzeitig erinnert dies jedoch auch an das mittelalterliche Missionsinstrument der Zwangspredigt und an Luthers Abneigung einer durch Zwang bewirkten Konversion. Im Kontext lutherischer Orthodoxie dominierte in Hinblick auf die Judenfrage ohnehin die Rezeption des Luthers der 1540er Jahre.[253]

Umstritten blieb im 17. Jahrhundert auch die Frage, ob eine Judenmission auf die Bekehrung der Juden in ihrer Gesamtheit hinauslaufen müsse, oder nur eine geringe Anzahl an Bekehrungen zu erwarten sei. Schlussendlich ließ Luther selbst die Frage, ob eine Bekehrung nun wenige, etliche oder gar viele Juden umfassen solle, offen bzw. passte seine Haltung immer wieder neu an, weshalb es nicht verwundert, dass auch die Nachwelt zu unterschiedlichen Auffassungen dahingehend kam. Während sich die lutherisch-orthodoxen der (zeitweisen) Auffassung des Reformators, es sei nur eine Bekehrung weniger zu erwarten, anschlossen, befürworteten die Pietisten eine umfassende Bekehrung. In Hinblick auf den gesellschaftlichen Umgang mit den Juden standen diese dem Lu-

---

250 WA 53: 522, 35. Osten-Sacken führt an, dass die von Luther formulierte scharfe Barmherzigkeit nichts anderes sei als ein Aufruf zur Praxis der mittelalterlichen Zwangsmissionierung. Er wendet sich damit gegen Oberman, welcher der Ansicht ist, dass Luther bis zu seinem Lebensende an einer gewaltfreien Judenmission festgehalten habe. (Vgl. Osten-Sacken: Luther, 31).

251 Vgl. Kaufmann: Juden, 146.

252 Vgl. Kaufmann: Juden, 146.

253 Vgl. Kaufmann: Juden, 146.

ther der 1520er Jahre nahe, wodurch der frühe Luther zu „einem Vater der modernen Judentoleranz"[254] wurde. So sahen die Pietisten unter der Wortführung Speners die Notwendigkeit, dass Christen ihren eigenen Lebenswandel verbessern müssten, um gegenüber Juden nicht mehr abschreckend zu wirken.[255] Auch dies entspricht der Haltung des Reformators, welcher – wie erwähnt – auf die Notwendigkeit verwies, zunächst den Götzendienst und die Sünde innerhalb der Christenheit zu bekämpfen.

---

254 Kaufmann: Juden, 150.
255 Vgl. Kaufmann: Juden, 148.

6. Judenmission im 21. Jahrhundert

In ihrer 144. Denkschrift hat die EKD im Jahre 2000 Stellung zu der Frage der Aktualität einer Judenmission bezogen. Judenmission, sofern darunter eine planmäßig und institutionell organisierte Aktivität verstanden wird, welche sich der Verbreitung des christlichen Glaubens unter jüdischen Menschen widmet, sei nicht länger Teil der Arbeit der Evangelischen Kirche in Deutschland.[256] Der gegenwärtige Umgang zwischen Christen und Juden in Deutschland zeichne sich stattdessen durch einen offenen Dialog aus.[257]

Diese Auffassung einer Judenmission werde jedoch nicht von allen geteilt. So fände sich vor allem innerhalb evangelikaler Kreise, sowohl innerhalb als auch außerhalb der Landeskirchen, die Tendenz sich von der Absage an eine Judenmission zu distanzieren.[258] Dahinter stehe die Überzeugung, dass der Glaube an Jesus als den Messias alleinige und absolute Bedingung sei das Heil zu erlangen, weshalb folglich eine Bekehrung unumgänglich sei.[259] Gleichzeitig betonten evangelikale Christen jedoch, dass ihr Verhalten gegenüber den Juden auf Liebe, Respekt sowie einem Gefühl der Verbundenheit beruhe, was sie unempfindlich für Kritik mache.[260]

Warnendes Beispiel für die unterschiedlichen Umgangsweisen von Christen mit Juden ist nach Auffassung der EKD Martin Luther selbst. Dabei beziehen sich die Verfasser der Denkschrift auf Luthers frühes Wirken unter Hervorhebung des Traktats *Dass Jesus Christus ein geborener Jude sei*. Darin habe Luther nicht nur auf die jüdischen Wurzeln des Christentums verwiesen, sondern gar eine Integration der Juden in die Gesellschaft gefordert.[261] Diese Forderung war sicherlich mehr kirchlich als sozial motiviert und dem Ziel einer Bekehrung der Juden geschuldet, wie bereits innerhalb dieser Arbeit ausgeführt. Als Kontrast wirke dagegen Luthers Spätschrift *Von den Juden und ihren Lügen*, welche die

---

256 Vgl. EKD: Denkschrift 144, 2000.
257 Vgl. EKD: Denkschrift 144, 2000.
258 Vgl. EKD: Denkschrift 144, 2000.
259 Vgl. EKD: Denkschrift 144, 2000.
260 Vgl. EKD: Denkschrift 144, 2000.
261 Vgl. EKD: Denkschrift 144, 2000.

ausbleibenden Bekehrungen innerhalb des Judentums zu Christus auf „böswillige Verblendung"[262] zurückführe.

---

262 EKD: Denkschrift 144, 2000.

7. Auswertung

Nach Auffassung Luthers sowie mancher Zeitgenossen öffnete der Reformator mit seinem Konzept einer Judenmission ein neues Kapitel in der – zu seiner Zeit – bereits jahrhundertelang andauernden kirchlichen Mission. War die mittelalterliche Judenmission eine systematisierte Form, welche vor allem mit Hilfe von Religionsgesprächen und Zwangspredigten die Juden zu Christus hin zu bekehren ersuchte, so erklärte Luther mit seiner Kritik an dieser das mittelalterliche Missionskonzept als gescheitert.

Luther sieht offenkundig ein Versagen bei den Christen, welches er auch im gesellschaftlichen Umgang mit den Juden im Reich ausmacht. Daraus eine Forderung nach gesellschaftlich-rechtlicher Stärkung der jüdischen Bevölkerung abzuleiten würde jedoch zu weit führen und vom eigentlichen Ziel Luthers ablenken, nämlich den Juden das Christentum über die Entfaltung des göttlichen Wortes in der Schrift zu vermitteln. Diese sehr theozentrische Stellung zur Mission ist dabei keine Verneinung menschlichen Zutuns. So sind die geforderten Veränderungen im Umgang mit den Juden weniger sozial als kirchlich motivierte Entscheidungen, welche strukturelle Voraussetzungen für die letztendlich durch die Schrift unternommene Mission schaffen sollten.

Der Wert einer auf Basis der Schrift unternommenen Judenmission speist sich für Luther aus den biblischen Prophezeiungen der alttestamentlichen Propheten und Patriarchen, welche für ihn von Beginn an von Christus geweissagt haben, folglich schon immer Christen gewesen seien. Doch das vielleicht gewichtigste Argument Luthers wird zugleich zum ‚Stolperstein' seiner missionstheologischen Begründungen. So teilen die Juden seine christologisch interpretierten Schriftauslegungen nicht, wodurch diese erheblich an Gewicht in Luthers Argumentation verlieren. Sie begrüßen zwar seinen Aufruf zu einem verbesserten Umgang zwischen Juden und Christen, wie vor dem Hintergrund der brieflichen Korrespondenz zwischen Luther und Josel von Rosheim ersichtlich wird, sehen jedoch die von ihm als so grundlegend erachtete Notwendigkeit einer Bekehrung hin zu Christus nicht gegeben. Vermeintliche Schriftbeweise für die Messianität Jesu, wie in Daniel 9 oder Jesaja 7, weisen auf jüdischer Seite eigene Auslegungstraditionen auf, gegen welche sich Luther offenkundig mit seiner Argumentation nicht durchzusetzen vermag.

Luthers pädagogisches Vorgehen in Hinblick auf die sukzessive Vermittlung von Jesus als Propheten, menschlichen Messias und schließlich Gott, zeugt davon, dass er sich bestimmter Verständnisprobleme auf jüdischer Seite bewusst war. Jedoch war der Erfolg eines solchen pädagogischen Vorgehens an die Überzeugungskraft seiner biblisch begründeten Argumentation gebunden, welche – wie aufgezeigt – nicht den erhofften Widerhall fand. Die erhoffte von Luther am Ende seiner Missionsschrift formulierte Bekehrung Etlicher blieb aus. Die Richtigkeit seines christologischen Schriftverständnisses nicht in Frage stellend konnte für Luther die Abwehrhaltung der Juden folglich nur in ihrer göttlichen Verwerfung begründet liegen. Dieses Motiv der Verhärtung bzw. Verstockung ist es, welches, nachdem es in der Missionsschrift keine Rolle spielte, von neuem ‚aufflammt' und im Brief an Josel, oder auch an *Wider die Sabbather an einen guten Freund*, wieder zum Tragen kommt.

Trotz aller Ausführlichkeit seiner Argumentation wäre es meines Erachtens nach unangebracht, Luthers missionarische Bestrebungen als ein Konzept (zumindest) einer *systematischen* Judenmission zu bezeichnen. So hat er zwar den möglichen Schriftargumenten viel Aufmerksamkeit gewidmet, Möglichkeiten ihrer praktischen Vermittlung jedoch kaum thematisiert. Insgesamt erscheinen Luthers Ausführungen zur Judenmission eher als ein Sammelsurium von (theologischen) Argumenten, welche in Hinblick auf ihre missionarische Zweckmäßigkeit erprobt werden *könnten*. Eine Umsetzung seines theoretischen Konstrukts in Formen einer praktischen Judenmission bleibt in Folge aus und erfolgt letztlich erst im Kontext lutherischer Orthodoxie und des Pietismus.

Deutet man Luthers auf die Juden bezogenen Spätschriften unter Berücksichtigung derjenigen von 1523 sowie früherer Schriften, so gewinnt man den Eindruck, dass mit zunehmendem Misserfolg die Toleranzschwelle des Reformators gegenüber den Juden deutlich sank. Bei aller Kritik darf jedoch ein Aspekt nicht zu gering gewichtet werden: was sich ändert ist nicht die *missionarische Absicht* gegenüber den Juden, welche selbst in den späten Judenschriften – wenn auch nur vereinzelt und unterschwellig – durchscheint, sondern die gesellschaftlich-praktische *Herangehensweise*, welche von tolerant-freundlich auf aggressiv-missionarisch ‚umschwingt'.[263]

Schlussendlich wendet sich Luther mit zunehmendem Alter von der missionarischen Herangehensweise seiner früheren Wirkungszeit ab und fällt im Kontext seiner Spätschriften in jenes Bild von Missionsarbeit zurück, welches er 1523 noch so verurteilt hat, dasjenige des Mittelalters.

---

263 Vgl. dazu auch Wetter: Missionsgedanke, 280.

8. Quellen- und Literaturverzeichnis

Quellen:

Aquin, Thomas: Summa Theologica. II-II. 1-16. Glaube als Tugend. Alberts-Magnus-Akademie (Hrsg.): Die Deutsche Thomas Ausgabe. Vollständige, ungekürzte deutsch-lateinische Ausgabe der Summa Theologica. Bd. 15, München / Salzburg 1950.

Luther, Martin: Das Magnificat. In: Kritische Gesamtausgabe (Weimarer Ausgabe). Bd. 7, 546-604.

Luther, Martin: Dass Jesus Christus ein geborener Jude sei. In: Kritische Gesamtausgabe (Weimarer Ausgabe). Bd. 11, 314-336.

Luther, Martin: Der Brief an die Römer. XV. In: Kritische Gesamtausgabe (Weimarer Ausgabe). Bd. 56, 136-148.

Luther, Martin: Luther an den getauften Juden Bernhard. In: Kritische Gesamtausgabe (Weimarer Ausgabe). Bd. BR 3, 101-104.

Luther, Martin: Luther an Juden Josel. In: Kritische Gesamtausgabe (Weimarer Ausgabe). Bd. BR 8, 89-91.

Luther, Martin: Operationes in Psalmos. 1519-1521. Psalm XIV. In: Kritische Gesamtausgabe (Weimarer Ausgabe). Bd. 5, 392-429.

Luther, Martin: Operationes in Psalmos. 1519-1521. Psalm XIX. In: Kritische Gesamtausgabe (Weimarer Ausgabe). Bd. 5, 541-568.

Luther, Martin: 3. Predigt über den 110. Psalm. In: Kritische Gesamtausgabe (Weimarer Ausgabe). Bd. 41, 153-167.

Luther, Martin: Luther an Spalatin (Nr.7). In: Kritische Gesamtausgabe (Weimarer Ausgabe). Bd. BR 1, 19-24.

Luther, Martin: Von den Juden und ihren Lügen. In: Kritische Gesamtausgabe (Weimarer Ausgabe). Bd. 53, 417-552.

Luther, Martin: Von weltlicher Oberheit, wie weit man ihr Gehorsam schuldig sei. In: Kritische Gesamtausgabe (Weimarer Ausgabe). Bd. 11, 245-281.

Luther, Martin: Wider die Sabbather an einen guten Freund. In: Kritische Gesamtausgabe (Weimarer Ausgabe). Bd. 50, 312-337.

Luther, Martin: Zweite Predigt über die Epistel Jeremia 23, 5-8, gehalten am 26.Sonntag nach Trinitatis (25.November). In: Kritische Gesamtausgabe (Weimarer Ausgabe). Bd. 20, 561-580.

Sekundärliteratur:

Brosseder, Johannes: Luther und der Leidensweg der Juden. In: Kremers, Heinz (Hrsg.): Die Juden und Martin Luther – Martin Luther und die Juden. Geschichte, Wirkungsgeschichte, Herausforderung. Neukirchen 1985, 109-135.

Dubnow, Simon: Weltgeschichte des Jüdischen Volkes. Bd. 2. Die Europäische Periode in der Geschichte des Jüdischen Volkes. Von den Anfängen der abendländischen Diaspora bis zum Ausgang des 18. Jahrhunderts. Jerusalem 1971.

Eckert, Willehad Paul: Hoch- und Spätmittelalter. Katholischer Humanismus. In: Rengstorf, Karl Heinrich; Kortzfleisch, Siegfried von (Hrsg.): Kirche und Synagoge. Handbuch zur Geschichte von Christen und Juden. Darstellung mit Quellen. Bd. I. Stuttgart 1968, 210-306.

Ehrlich, Ernst L.: Luther und die Juden. In: Kremers, Heinz (Hrsg.): Die Juden und Martin Luther – Martin Luther und die Juden. Geschichte, Wirkungsgeschichte, Herausforderung. Neukirchen 1985, 72-88.

Herzig, Arno: Jüdische Geschichte in Deutschland. Von den Anfängen bis zur Gegenwart. Schriftenreihe der Bundeszentrale für Politische Bildung, 491. Bonn 2005.

Kaufmann, Thomas: Luthers Juden. Stuttgart 2014.

Kaufmann, Thomas: Luthers „Judenschriften". Ein Beitrag zu ihrer historischen Kontextualisierung. Tübingen 2011.

Lewin, Reinhold: Luthers Stellung zu den Juden. Ein Beitrag zur Geschichte der Juden in Deutschland während des Reformationszeitalters. Berlin 1911.

Limor, Ora: Religionsgespräche III. In: Müller, Gerhard (Hrsg.): TRE. Bd. 28. Berlin / New York 1997, 649-654.

Magin, Christine: „Wie es umb der iuden recht stet". Der Status der Juden in spätmittelalterlichen deutschen Rechtsbüchern. Göttingen 1999.

Maurer, Wilhelm: Die Zeit der Reformation. In: Rengstorf, Karl Heinrich; Kortzfleisch, Siegfried von (Hrsg.): Kirche und Synagoge. Handbuch zur Geschichte von Christen und Juden. Darstellung mit Quellen. Bd. I. Stuttgart 1968, 363-452.

Moeller, Bernd: Deutschland im Zeitalter der Reformation. Deutsche Geschichte 4. Göttingen 1999.

Oberman, Heiko A.: Wurzeln des Antisemitismus. Christenangst und Judenplage im Zeitalter von Humanismus und Reformation. Berlin 1981.

Osten-Sacken, Peter von der: Martin Luther und die Juden: neu untersucht anhand Anton Margarithas „Der gantz Jüdisch glaub" (1530/31). Stuttgart 2002.

Poliakov, Leon: Geschichte des Antisemitismus. Bd. 2. Das Zeitalter der Verteufelung und des Ghettos. Worms 1978.

Stöhr, Martin: Martin Luther und die Juden. In: Kremers, Heinz (Hrsg.): Die Juden und Martin Luther – Martin Luther und die Juden. Geschichte, Wirkungsgeschichte, Herausforderung. Neukirchen 1985, 89-108.

Waardenburg, Jacques: Religionsgespräche I. In: Müller, Gerhard (Hrsg.): TRE. Bd. 28. Berlin / New York 1997, 631-640.

Wetter, Paul: Der Missionsgedanke bei Martin Luther. Bonn 1999.

Internetseiten:

Evangelische Kirche in Deutschland (EKD): Christen und Juden III. In: EKD-Denkschrift Nr. 144 (http://www.ekd.de/EKD-Texte/christen_juden_2000_c-j3.html), 2000 (Zugriffsdatum: 27.10.2015).

Hieke, Thomas: [Art.] Nehemia. In: Das Wissenschaftliche Bibellexikon im Internet (https://www.bibelwissenschaft.de/wibilex/das-bibellexikon/lexikon/sachwort/anzeigen/details/nehemia/ch/9bbddce65d3ee0591ac0438c34311148/), 2005 (Zugriffsdatum: 27.10.2015).

Rösel, Christoph: [Art.] Jahrwoche. In: Das Wissenschaftliche Bibellexikon im Internet (https://www.bibelwissenschaft.de/wibilex/das-bibellexikon/lexikon/sachwort/anzeigen/details/jahrwoche/ch/96781e82767a0e51c3044f874d0a1c16/), 2012 (Zugriffsdatum: 20.10.2015).